MANDALAS

Formas que representam a harmonia do cosmos e a energia divina

O livro que você vai abrir é um livro que está à espera do seu toque final. Ao contrário de todos os outros, este precisa do seu consentimento, da sua colaboração para chegar à sua verdadeira forma, pois, em vez de estar iniciando a leitura de um livro, você está iniciando um caminho.

Rüdiger Dahlke

MANDALAS

Formas que representam a harmonia do cosmos e a energia divina

Desenhos de
RÜDIGER DAHLKE E KATHARINA VON MARTIUS

Tradução
MARGIT MARTINCIC

Com a colaboração de
DANIEL CAMARINHA DA SILVA

Revisão estilística
ÉRLON JOSÉ PASCHOAL

Editora
Pensamento
SÃO PAULO

Título original: *Mandalas Der Welt – Ein Meditations- und Malbuch.*

Copyright © 1985 Heinrich Hugendubel Verlag, Munique.

Copyright da edição brasileira © 1991 Editora Pensamento-Cultrix Ltda.

1ª edição 1991 (cadastrado na fonte em 2007).

16ª reimpressão 2020.

Todos os direitos reservados. Nenhuma parte deste livro pode ser reproduzida ou usada de qualquer forma ou por qualquer meio, eletrônico ou mecânico, inclusive fotocópias, gravações ou sistema de armazenamento em banco de dados, sem permissão por escrito, exceto nos casos de trechos curtos citados em resenhas críticas ou artigos de revistas.

Agradeço a Thorwald o Prefácio e as muitas idéias sugeridas. A Carmen e Math a minha gratidão pelo longo caminho que trilhamos juntos e no qual surgiu também, há anos, a idéia do livro de mandalas; a Kerstin pelo estímulo, pela crítica, pelas idéias e pela capacidade de dizer muito em poucas palavras (p. 171); a Oskar agradeço o estímulo justo na hora certa. A Niki e aos Roberts o meu agradecimento pela revisão e crítica. A minha mãe, pelos estímulos e pelo trabalho de escrever. E a Katharina, não apenas por ter estado sempre junto, mas também pela grande paciência, pelas fotos e pelos seus desenhos.

Dados Internacionais de Catalogação na Publicação (CIP)
(Câmara Brasileira do Livro, SP, Brasil)

Dahlke, Rüdiger
 Mandalas : formas que representam a harmonia do cosmos e a energia divina / desenhos de Rüdiger Dahlke e Katharina von Martius ; tradução Margit Martincic ; com a colaboração de Daniel Camarinha da Silva ; revisão estilística de Érlon José Paschoal. São Paulo : Pensamento, 2007.

 1ª reimpr. da 1ª ed. de 1991.
 ISBN 978-85-315-0400-6

 1. Arte e religião 2. Mandala 3. Meditação 4. Vida espiritual I. Martius, Katharina von II. Silva, Daniel Camarinha da. III. Título.

07-1610 CDD-291.37

Índices para catálogo sistemático:
1. Mandalas : Simbolismo : Religião comparada 291.37

Direitos de tradução para a língua portuguesa
adquiridos com exclusividade pela
EDITORA PENSAMENTO-CULTRIX LTDA.
Rua Dr. Mário Vicente, 368 – 04270-000 – São Paulo, SP – Fone: (11) 2066-9000
E-mail: atendimento@editorapensamento.com.br
http://www.editorapensamento.com.br
que se reserva a propriedade literária desta tradução.
Foi feito o depósito legal.

PREFÁCIO

O verdadeiro centro de um círculo é um ponto. Um ponto, no entanto, não tem dimensão nem lugar. Assim, ele escapa não apenas à nossa percepção, mas também à nossa imaginação. Não pertence ao nosso mundo – porque nele tudo tem extensão e dimensão, pois o mundo é forma. O ponto, contudo, faz parte de uma outra ordem de ser, existe para além do mundo; é metafísico, no sentido literal do termo. O ponto simboliza a unidade, a totalidade, a perfeição, sendo por isso também, em quase todas as culturas e épocas, um símbolo de Deus.

O ponto contém tudo, mas só em potência e não em estado manifesto. Dele nascem o círculo e a esfera, que são as suas formas de manifestação. Aquilo que no ponto ainda é potência meta-física ganha através do círculo e das esferas a sua configuração.

O círculo é um ponto mais uma dimensão; assim, ele vive do ponto central, e é definido por ele – mesmo quando esse ponto não é apreensível por nós. O ponto e o círculo – Deus e o mundo – O Uno e o múltiplo – o irrevelável e o revelável – o conteúdo e a forma – o metafísico e o físico – são muitos pares de conceitos que se referem à mesma coisa. Metaforicamente, poderíamos pensar também na relação entre a semente e a planta adulta e reconheceríamos que no pequeno, na parte, já está contido o todo, uma vez que nós, seres humanos, necessitamos sempre da dimensionalidade para podermos reconhecer algo. Dessa forma, o homem necessita do mundo das formas visíveis para ser capaz de reconhecer nele o invisível. Precisamos, assim, de um corpo para podermos ter experiências de conscientização. O mundo visível é o veículo que nos coloca em contato com o transcendental. Deus se revela no mundo, diriam os cristãos, e o budista diz: o nirvana e o prakriti são idênticos. Ibn Arabi, o mestre sufi, também declara a mesma coisa ao afirmar: "Com certeza, não existe nada além de Deus, o Altíssimo, Suas qualidades e Seus atos. Tudo pertence a Ele, tudo vem Dele e se movimenta na Sua direção. Se Ele se separasse do mundo, ainda que apenas por um piscar de olhos, no mesmo instante o mundo desapareceria. O mundo só pode existir porque Ele o conserva e o vigia. No entanto, a luz que emana do

Seu aparecimento é tão potente que supera a nossa capacidade de percepção, e só podemos reconhecer a Sua criação, quando ela O oculta." (Ibn Arabi, *Viagem ao Senhor do Poder*.)

Esta identidade entre Deus e o mundo, entre realidade e ilusão, esconde um grande mistério, pelo qual muitos costumam passar com demasiada rapidez. A compreensão correta dessa relação paradoxal pode nos proteger de duas atitudes extremas, a que muito facilmente cedemos:

Ou nos perdemos no mundo das formas (materialismo), ou tentamos fugir do mundo das formas, com a ilusão de que "fora do mundo" se poderia encontrar a espiritualidade. Mas não podemos escapar do mundo, pois ele existe somente em nossa consciência. Devemos, portanto, utilizar o mundo na nossa caminhada para o centro, para a redenção. Utilizar o mundo significa viver nele, defrontar-se conscientemente com ele, trabalhar nele, brincar com ele, dançar com ele, servindo-se dele como um recurso para encontrar o ponto que unifica a multiplicidade.

A lei do mundo é o movimento, a lei do centro é a quietude. Viver no mundo é movimento, atividade, dança. Nossa vida é um dançar constante ao redor do centro, um incessante circundar o Uno invisível ao qual nós — tal como o círculo — devemos nossa existência. Vivemos do ponto central — ainda que não o possamos perceber — e temos saudades dele. O círculo não pode esquecer sua origem — também nós sentimos saudades do paraíso. Fazemos tudo o que fazemos porque estamos à procura do centro, do nosso centro, *do* centro.

Por trás de toda ação há o desejo de mudança, e nisso se revela a nossa insatisfação com uma determinada situação. Enquanto estiver no mundo, o homem sempre vai agir e modificar, pois não pode haver no mundo uma satisfação permanente. Só quando atingimos o centro, quando pisamos no ponto, é que nos redimimos e nos livramos da insatisfação. Mas onde podemos encontrar esse ponto? Em parte alguma: pois ele não tem uma localização precisa; em toda parte, pois ele é a base de todo ser. Precisamos aprender a traçar nossos círculos, a fazer com que eles se tornem cada vez menores até que toda a nossa vida gire em torno Dele, do ponto. Não é por acaso que a antiga palavra grega para "pecar" significa, ao mesmo tempo, "errar o ponto". Ao errar o centro, vivemos em pecado, porque nos desagregamos. Trata-se de superar essa separação, de lançar uma ponte sobre esse abismo.

O girar contínuo ao redor do nosso centro é o modelo arquetípico da nossa vida e é o modelo fundamental da dança. Na sua origem, a dança é um evento ritual. Ela é a reprodução da vida humana. Assim, é possível utilizar a dança como um recurso para atingir experiências místicas, algo assim como fazem os dervixes. Também os ritos que conhecemos, como a procissão ou o giro do sacerdote em volta do altar, têm por base o mesmo conteúdo simbólico: *a dança em torno do centro*.

Este livro trata também de um rito. Antes de tudo, ele não é uma obra de leitura, mas um convite para que se gire ritualmente em volta do centro. Por isso, é um livro diferente — ele aspira mais do que apenas ser lido e compreendido -- ele pretende proporcionar vivências e induzir processos de conscientização. A designação "livro de pintura" só se justificará se compreendermos o ato de pintar como um rito, como a reprodução microcósmica de um modelo original eternamente válido. Todo fazer é insignificante e sem sentido, enquanto não for compreendido como um rito. Só quando nos tornamos conscientes de que cada situação humana é a expressão formal de conteúdos e modelos que estão por trás dela é que começamos a compreender a nossa vida como um rito. Então reconhecemos repentinamente que o importante não é *o que* fazemos, mas sim *como* o fazemos. Os monges zen fazem de atos tão "simples", como ficar sentado, andar, tomar chá e atirar com o arco, um ritual e um recurso a mais em seu caminho.

Neste livro, o importante mesmo não é colorir bem as ilustrações, mas fazer algo de modo tão consciente que se descubra o todo dentro da parte.

Rüdiger Dahlke observou as mais diversas formas da aparência e, subitamente, viu em todas o modelo original da existência, a mandala. Neste livro, ele convida o leitor a reproduzir conscientemente esse modelo dentro de si por meio da ação. Todos nós dançamos constantemente ao redor do centro; precisamos, contudo, aprender a viver cada vez mais conscientemente as leis dessa dança e este livro pode muito bem nos ajudar nisso.

Basta de palavras. Chegou a hora da ação.

Thorwald Dethlefsen
Munique, novembro de 1984

O livro que você acaba de abrir é um livro que ainda não está acabado! Ao contrário da maioria dos outros livros, este ainda necessita da sua colaboração e da sua disposição para encontrar a verdadeira forma dele. Pois é; em vez de um livro, você está iniciando, na verdade, um caminho.

Assim, você não achará, no início, nenhuma ordenação; ao contrário, você encontrará no caminho a ordenação, ou seja, a ordem em si mesmo. Esse caminho também não segue uma linha reta, do início ao fim, mas dá voltas em círculos e espirais ao redor de um centro — que é também o seu próprio centro. O caminho deste livro vai se aproximar do centro e de novo afastar-se dele — vai tocá-lo e perdê-lo novamente — vai girar em círculos — tal como a mandala. Se você girar junto e seguir suas espirais, não sentirá vertigens. Mas quando opuser resistência à "dança em volta do centro", você sentirá essa resistência como um mal-estar — sentirá vertigens — podendo até errar o caminho.

O caminho exterior resulta da teoria e da prática, e aqui, sobretudo, de exercícios de pintura e de meditação. Quando houver algo para colorir, você sempre topará com este símbolo: ═══◗ . As indicações para este e outros exercícios são marcadas por uma linha lateral, como esta que se encontra ao lado deste parágrafo. Se você seguir esses guias exteriores, todo o resto virá por si mesmo.

CONSIDERAÇÕES PRELIMINARES

Não estou interessado em expor a você tudo que se sabe sobre a mandala — sempre que aparecer uma informação, ela deve ser um estímulo para que você se aprofunde mais numa direção ou noutra. Muitos dos grandes domínios do conhecimento serão apenas tangenciados por nós; outros serão deixados inteiramente de lado e alguns serão observados apenas de longe. Não é importante também acolher todos os estímulos, nem entendê-los todos — o objetivo deste caminho não é o entendimento, mas a vivência da mandala.

Assim, este livro gostaria de ser um fio condutor — para muitos talvez o fio de Ariadne no labirinto pessoal — um fio que conduz às próprias mandalas e à vivência do universo enquanto mandala.

Até onde for necessário, o caminho será acompanhado pelas minhas palavras; bem mais importante, no entanto, será a *sua* disposição de abrir-se às suas próprias experiências, descobrir o seu próprio caminho e participar do jogo.

Na realidade, este livro deve tornar-se para você, além de um livro, um brinquedo. Os que se julgam velhos demais para brincar, ou pensam já terem superado a fase dos livros para colorir, devem perguntar também se já não estão velhos demais para o "caminho" e para a "vida". Brincar não é assim tão fácil — a maioria dos adultos há muito já desaprendeu — e fazê-lo agora, intencionalmente, exige esforço pois, assim como a meditação, a brincadeira depende da não-intencionalidade. É por isso que as crianças têm muitas vezes a sensação de que os adultos complicam as suas brincadeiras sem necessidade e até as perturbam. Com o passar dos anos, tornamo-nos, por certo, autênticos desmancha-prazeres.

A meditação e o jogo têm muita coisa em comum. Como a própria palavra diz, o importante na meditação é o meio, é o centro, e a maioria dos jogos gira em torno de um centro. A criança, porém, brinca, no mínimo, a partir do seu centro interior, de onde extrai também a sua energia e alegria quase inesgotáveis. Jogos como a dança de roda, pular corda, o bambolê ou o pião esclarecem bem esse princípio. Naturalmente, para nós, tudo isso já ficou para trás; mas se observarmos mais de perto, veremos que também os adultos encontram prazer nessa dança em torno do centro. Só que tornam a coisa mais difícil. Se, por exemplo, observarmos um parque de diversões, presenciaremos por toda parte o mesmo princípio. Todos esses veículos, em parte complicados, remontam afinal ao carrossel e giram em volta de um único centro. Quem também se julga velho demais para isso, talvez faça uma tentativa pelo menos na barraca de tiro ao alvo para acertar o centro, ou se reúna com amigos para uma agradável "rodada". Em muitas danças, "o momento do giro" em torno do próprio centro desempenha um papel importante — de modo mais característico, na valsa. E não é por acaso que esta é a dança que mais se mantém através dos tempos — pois não só as crianças, mas também os adultos, sentem o mesmo prazer na dança ao redor do próprio centro.

Todas essas situações representam mandalas em movimento.

Um dos meus objetivos é pôr outra vez em movimento a mandala interior, mas para isso o autor — como, aliás, em qualquer outro livro — realmente não poderá fazer nada pelo leitor que não esteja disposto a realizar algo por si mesmo. O livro das mandalas põe isso em especial evidência, pois a princípio ele é bastante tedioso e sem graça, e continuará assim se você não deixar fluir para ele sua energia fazendo dele *o seu* livro. Aí, então, o livro poderá refletir toda a *sua* multiplicidade e o seu colorido interior e tornar-se o seu livro mais individual e íntimo — provavelmente também o primeiro criado por você mesmo.

A ESCOLHA

Antes que você sinta resistência às "estranhas" estruturas das mandalas aqui apresentadas (livro para colorir!) e se veja limitado por elas, trate logo de conscientizar-se: esta é a nossa situação básica — achamo-nos sempre diante de estruturas estranhas, aparentemente externas, que nos parecem regras, prescrições, pressões e leis exteriores. Ao lado da possibilidade de combatê-las, há ainda a possibilidade de aceitá-las, de apropriar-se delas e até de reconhecê-las como suas — para finalmente sentir que tudo é sempre "apenas" uma reprodução do que já foi, é e será. Esse caminho impõe sacrifícios. E já é o momento de sacrificar a ilusão de ser possível criar livremente algo próprio e novo. Este conhecimento pode a princípio nos deprimir — mas, vivido em toda a sua profundidade, ele será "apenas" libertador.

Um guru traduz isso com a seguinte imagem: a família das nuvens brancas que flutua no céu azul divide-se em dois grupos: de um lado, a grande massa de nuvens cujo objetivo é o calor do sul. Elas sofrem muito toda vez que o vento as sopra para o norte, o oeste ou o leste. De outro lado, há ainda um pequeno grupo de nuvens que reconheceu que, por serem nuvens, estão destinadas a serem impelidas pelo vento. Elas não têm nenhum objetivo ou apenas um: o de seguir o seu caminho, obedecendo ao vento — e assim, estão sempre em harmonia consigo e com o objetivo. Ao final do dia, porém, todas as nuvens se encontram no mesmo lugar.

Essa é a liberdade de escolha das nuvens e dos homens.

O PARADOXO

Aqui e agora, você mesmo decide se tem à sua frente um livro de leitura, um livro técnico ou um livro para "vivenciar e fazer". Se você se decidir pela primeira hipótese, dizendo a si mesmo: "Vou dar uma lida nisso, e a minha mulher, como tem mais tempo, poderá pintá-lo depois" — você me colocará numa situação difícil. O melhor mesmo seria você encerrar esta experiência logo depois deste capítulo e deixá-la para quem tem tempo. Pois o que realmente me interessa, "o caminho de volta ao centro", não pode ser descrito. Faço (para mim) uma idéia disso, e a coragem para realizar este livro provém da esperança de que essa idéia transpareça entre as linhas, seja comunicada pelas ilustrações e chegue a você através dos exercícios. Confio em que os que querem me acompanhar nesse caminho já tragam consigo esta idéia e sempre se lembrem dela no sentido de que a minha idéia encontre a sua e elas acabem se unindo. O Uno, o centro da mandala, foge a toda representação intelectual, e vive, contudo, dentro de todos nós. Não poderemos encontrá-lo com a ajuda da nossa vontade e do nosso intelecto, embora os dois participem do processo e do caminho, nele adquirindo sentido e função — mesmo neste livro —, só que infelizmente não são suficientes. Nossa linguagem, que é, sobretudo, quase sempre a expressão do nosso pensamento, não facilita o caminho para o centro, para o essencial; ao contrário, parece que ela nos distancia, envolvendo-nos cada vez mais "no mundo das dez mil coisas". Desse modo, contudo, ela ao mesmo tempo nos ajuda, pois quanto mais longe nos leva, mais ela nos aproxima. Essa afirmação parece paradoxal e, na verdade, o é, e mesmo assim é mais verdadeira do que todo o resto. Coloquemo-nos na seguinte situação:

Num avião a jato, afastamo-nos cada vez mais de um ponto da mandala da Terra, sempre na mesma direção; desse modo, quanto mais nos afastarmos do ponto de partida, tanto mais perto estaremos dele — no mundo das mandalas — onde, evidentemente, vivemos.

O SÍMBOLO

Podemos confiar tranqüilamente na linguagem — sabendo que ela nos guia de modo indireto, visto que vive de imagens. Estas, sobretudo os símbolos, podem nos guiar de modo direto, e por essa razão nos ocuparemos deles. O intelecto poderá acompanhar essa viagem e encontrar também o seu prazer nisso — uma vez que, de qualquer modo, ficará sem compreender o essencial.

O símbolo sempre contém tudo, ou seja, os dois lados da polaridade. Assim, por exemplo, *Ra* é o símbolo do rádio em si, sem fazer distinção entre suas qualidades construtivas ou destruidoras da vida. Em outros termos, o símbolo não exclui, mas inclui, e não impõe limites, tal como as palavras e os números. Desse modo, jamais poderá satisfazer o intelecto, pois este vive de classificar e discernir. O símbolo abrange o paradoxo e, por isso, é mais verdadeiro do que qualquer outra coisa no mundo de "maya", o mundo das aparências. Queremos nos aproximar conscientemente do símbolo: a chave para isso está tão próxima e pode nos parecer tão banal, que não nos dispomos a perder tempo com coisas tão simples e, de fato, tudo *é* tão simples.

Ao terminar a obra da criação a partir do Uno, Deus conservou na mão a chave de tudo o que criara. Achar essa chave deve ser agora a tarefa dos homens.

Para tornar isso mais atraente, Ele quis escondê-la o melhor possível e consultou seus conselheiros celestes; estes lhe deram muitas respostas; entre elas, a lua. Deus então disse:

"Vou escondê-la bem perto e ao mesmo tempo, bem longe, lá onde a procurarão por último." E a escondeu no centro do homem.

É esse centro que nos interessa — faremos uma longa viagem através de culturas e épocas diferentes, e estaremos sempre ao redor desse centro. Toparemos com ele nos lugares mais diversos, e com as mais variadas roupagens e, no entanto, será sempre o mesmo centro. Não faz mal que nos percamos por algum tempo no desconhecido. Basta lembrar a parábola do filho pródigo: todos os caminhos levam ao início e, assim, perceberemos também que todas as viagens, exercícios e experiências sempre retornam para a Unidade.

O MUNDO DAS MANDALAS
AS MANDALAS DO MUNDO

Redescobrir as formas e os símbolos, que vamos encontrar nessa viagem como nossos, vai se tornando cada vez mais fácil, uma vez que essas estruturas são universais. Elas não pertencem a ninguém e são comuns a todos — são as pedras fundamentais da criação, uma parte do todo e ao mesmo tempo a totalidade. O próprio universo é uma mandala composta de incontáveis mandalas das mais diversas dimensões. Eis aqui uma espiral nebulosa.

Cada mandala é, ao mesmo tempo, um universo — tal como afirma o Verbo: a Unidade e a diversidade.

Ou:

Da Unidade nasce a multiplicidade. Por trás de toda multiplicidade está a Unidade.

Também o nosso universo mais próximo, o nosso sistema solar, é uma mandala.

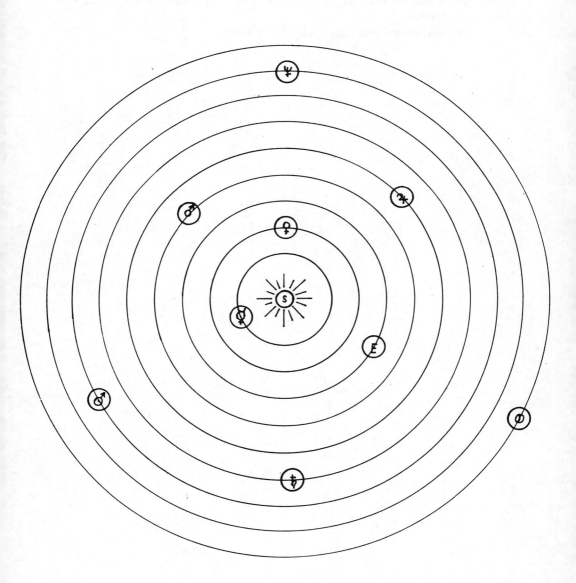

Como já vimos, a nossa Terra é uma mandala. Diminuindo a escala, encontraremos os oceanos, cujos elementos estruturais são as gotas d'água, por sua vez mandalas... As estruturas sólidas, as terras e as montanhas, são constituídas de minerais. Seus elementos estruturais são os cristais — e muitos cristais juntos formam, por sua vez, mandalas.

Eis aqui uma dessas mandalas de cristais.

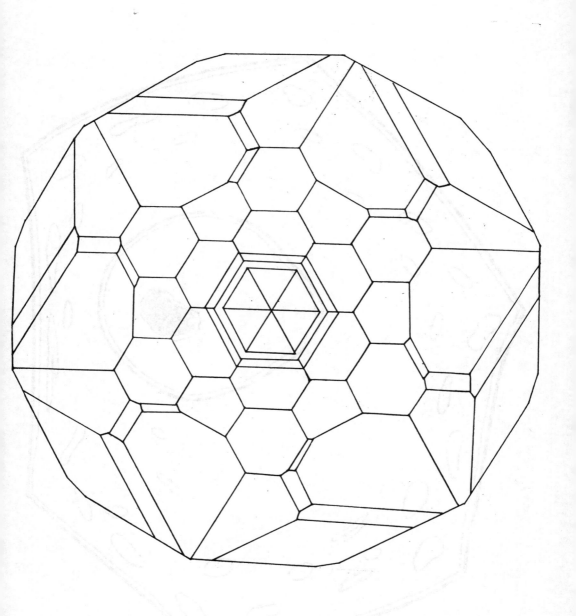

Todo ser vivo — plantas, animais e homens — é constituído de células e cada célula é uma mandala.

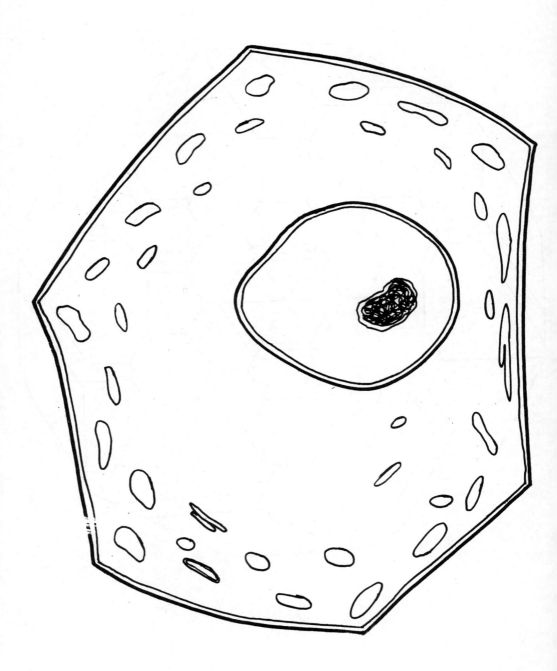

Toda célula tem um núcleo e este é uma mandala. A divisão desse núcleo redunda em duas novas mandalas celulares. E desta forma cresce o mundo vivo das mandalas.

Eis aqui a divisão de um núcleo celular.

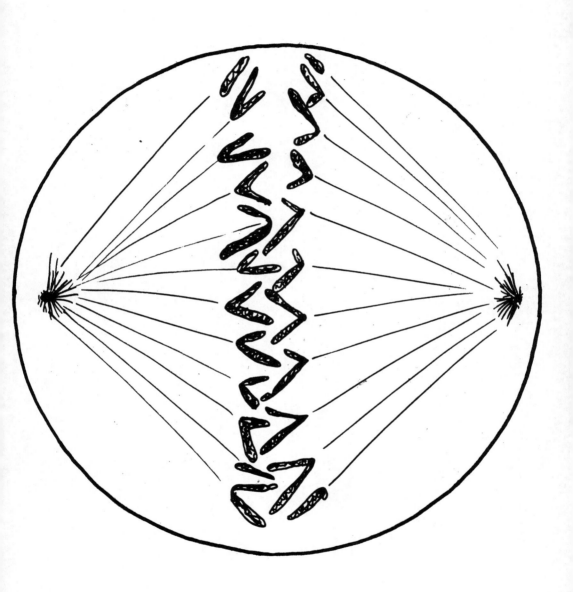

Todas as células e cristais e tudo neste planeta se constitui de átomos e cada átomo é uma mandala.

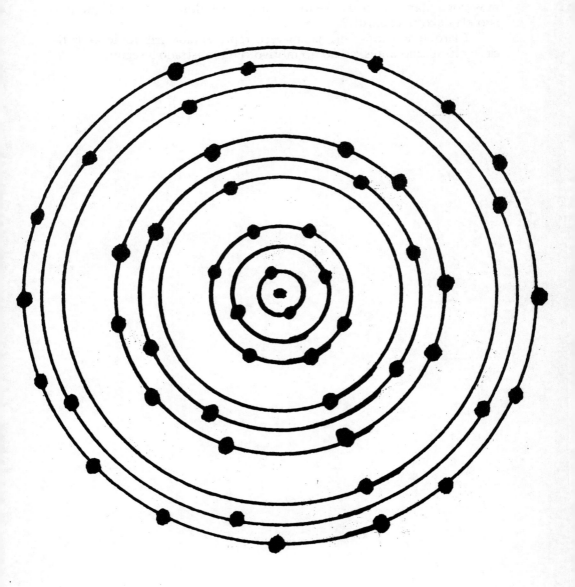

Depois do átomo, a escala se torna demasiado pequena para nós e não reconhecemos mais as estruturas menores. Algo semelhante se passa conosco, quando as coisas se tornam grandes demais. Não faz muito tempo, desconhecíamos a estrutura de mandala dos átomos como também a das células e a das nebulosas. Mas será que por isso ela deixou de existir?

Claro que não — ela já aparece representada nas rosáceas góticas e até mesmo antes, como no motivo celta mostrado a seguir.

O FIO VERMELHO
ASSIM POR FORA COMO POR DENTRO

Para onde quer que avancem nossas pesquisas modernas, elas encontrarão "sempre" os mesmos modelos originais que podemos descobrir também dentro de nós mesmos. *Assim em cima como embaixo, assim por fora como por dentro.* Vivenciamos essa lei esotérica atemporal não só mas também na mandala, e são sobretudo as nossas próprias vivências que nos interessam. O nosso tema facilita isso. Na realidade, chega a ser difícil mergulhar numa mandala e permanecer insensível. Igualmente difícil é contemplar a rosácea de uma catedral gótica sem se sentir tocado, e é quase impossível criar mandalas sem se pôr interiormente em movimento. A mandala *é* movimento, é a roda da vida, a imagem do universo, que surge continuamente do mesmo centro, desenvolvendo-se para o exterior e ao mesmo tempo convergindo da multiplicidade para o centro unificador. Todo ser humano reconhece esse modelo básico, porque o traz dentro de si. É fácil abrir-se para compreender isso; queremos trilhar aqui o caminho mais fácil.

Se você fizer deste livro o *seu* livro, se quiser procurar através dele o *seu* caminho, então você precisará, a partir de agora, "apenas" ficar atento pàra que forma e conteúdo permaneçam em harmonia.

Aceite as tarefas que virão ao seu encontro tal como são: sem avaliá-las ("Isso é pueril demais para mim." Isso nem é "infantil" e divertido o bastante).

Em primeiro lugar, não tente blefar consigo mesmo, omitindo ou saltando mandalas. Caminhe, em vez disso, passo a passo, pintando, lendo, plasmando conscientemente, através do labirinto do livro, que é em si uma mandala — assim você tecerá um fio condutor através do seu próprio labirinto interior.

Pinte agora o seu caminho através desse jardim-labirinto francês. E vivencie, nesse processo, o significado dos atalhos, aperfeiçoamentos, caminhos e desvios.

Pinte de dentro para fora a mandala ao lado. Para isso, siga as suas inspirações e idéias espontâneas quanto à cor e ao material. A estrutura apresentada pode servir de referência e guia. Mesmo que ela lhe pareça incompleta ou defeituosa, aceite-a, por enquanto, e vivencie o que vai resultar disso. Do mesmo modo que o modelo pode ser tecnicamente imperfeito, *sua* execução também pode conter falhas técnicas; permita-se isso, pois aqui não se trata de técnica. Intencionalmente, os modelos não foram realizados por especialistas. Desista também da idéia de deixar sua execução para eventuais especialistas — o que mais interessa é. *você*.

PERGUNTAS

Retroceda mentalmente, procurando se lembrar de quando pintou, talvez, a sua primeira mandala e do que sentiu então ao fazê-lo.

Olhe para si mesmo e veja se a sua tendência é permanecer dentro das estruturas e dos limites dados ou ultrapassá-los e rebelar-se contra o modelo.

Você se permite cometer "erros"?

Ou fica irritado consigo mesmo quando os comete?

Ou procura alguém para descarregar sua insatisfação?

Prefere começar pelo centro ou pelas bordas, ou por outro ponto qualquer?

Você se dá tempo ou fica apressado?

Que cores usou?

Gosta da sua obra ou está descontente com ela?

Reconhece-se nela? Teria prazer em reconhecer-se numa imagem criada por você?

Tem vontade de continuar ou acha que já é demais?

Você já tentou tomar plena consciência de si mesmo? E, sobretudo, de maneira honesta? A quem poderia enganar, senão a si mesmo?

RESPOSTAS

Talvez você já pressinta que a mandala pode responder a inúmeras perguntas sobre você, sobre Deus e o mundo. Nela você poderá ler tudo, se tiver desenvolvido o olhar para esse fim. É inteiramente indiferente se o que lhe interessa é lido num horóscopo, na borra do café, no *I Ching*, na substância hereditária (ADN) ou numa mandala. Só é necessário que saiba fazê-lo. E, depois dessa primeira mandala, você continua não sabendo; mas, quanto mais intensamente se ocupar com mandalas, mais aumentará a sua capacidade de ver e interpretar. Não poderá deter esse processo. E essa capacidade, de que participam o intelecto e a intuição, não é nem boa nem má... Afinal de contas, não se trata disso! Embora, sem dúvida, seja divertido ver melhor e enxergar mais longe do que os outros. Para nós, porém, interessa a verdadeira visão (que penetra na essência), *o caminho*, e este é provavelmente pouco divertido no início e pode até dar a impressão de ser íngreme e penoso.

Ao lidar com a mandala, estamos nos ocupando com uma forma *perfeita*. Entregar-se realmente a essa ocupação, terá efeitos sobre a nossa perfeição, mesmo que, de início, esse processo seja puramente exterior. Nos exercícios físicos da hatha-ioga encontramos algo parecido. Esses exercícios provavelmente foram surgindo à medida que pessoas evoluídas iam assumindo espontaneamente essas posturas em virtude de elas corresponderem à atitude interior perfeita. Por isso, o caminho que se faz hoje em sentido contrário não está errado. Adota-se uma postura externa perfeita (asana), na esperança de que, em conseqüência disso, cresça também a respectiva atitude interior. De fato, a postura de loto — executável por qualquer um — por si só já produz uma harmonização do corpo e do espírito.

Ao nos ocuparmos, portanto, com a representação de uma mandala, sua estrutura perfeita produzirá também efeitos semelhantes em nossa estrutura.

O HOMEM
E
O CENTRO

O corpo humano é constituído de células e estas, por sua vez, de átomos. Desse modo, nosso corpo é composto, em última análise, de inúmeras mandalas. Mas podemos compreendê-lo também, em sua totalidade, como uma mandala. Com os braços e as pernas esticados, ele forma uma estrela de cinco pontas, e cada estrela é uma mandala. Enquanto mandala estelar, cada homem possui, claramente reconhecível, um centro, e todos estamos constantemente à sua procura. Algum dia o encontraremos dentro de nós.

O centro — não importa se o sentimos agora mais conscientemente ou não — reconhece, por sua vez, essa estrutura de mandala como algo que lhe é idêntico.

No entanto, sentimos uma indescritível felicidade ao vivenciarmos conscientemente o nosso centro: é esse o objetivo de toda meditação. Afinal, meditar significa girar em torno do nosso próprio centro, e, dessa forma, uma mandala e toda mandala nos faz lembrar do nosso próprio centro e equivale, portanto, à medi-tação.

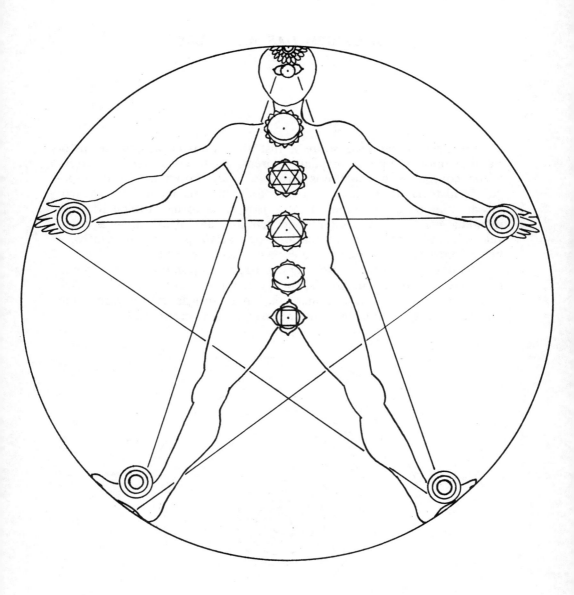

A ORIGEM DAS MANDALAS

É difícil dizer algo sobre a história da mandala, porque história pressupõe tempo; a mandala, porém, existe em essência — como a sua configuração ainda nos ensinará — além do tempo e do espaço. A história da mandala — como toda história regular — deve começar com o seu surgimento. Mas isso já se torna problemático. A mandala não se deixa ordenar no tempo; aliás, nem sequer é possível observá-la, pois sempre tende a nos atrair para o seu centro, e neste ponto central, o tempo e o espaço cessam de existir.

Podemos, naturalmente, tentar fixar temporalmente o primeiro aparecimento de mandalas, mas, mesmo isso, fica entre o difícil e o impossível .— uma das mandalas mais antigas talvez tenha sido o impacto da queda de algum meteorito num mar primordial.

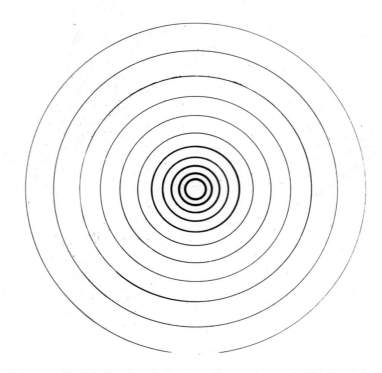

Temos de reconhecer: a mandala é mais velha do que todos nós. Sim, ela é tão velha quanto o nosso mundo, tão antiga quanto a criação. Não contam os nossos cientistas que tudo começou com uma grande explosão? E a imagem de um estouro não é também uma mandala?

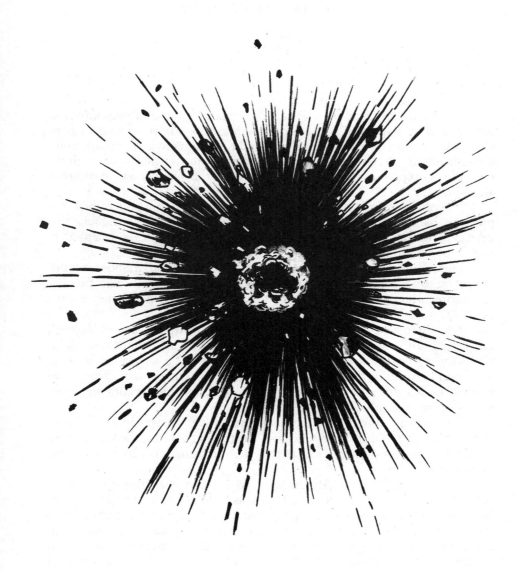

HISTÓRIAS DA CRIAÇÃO

Os cientistas podem, de fato, constatar que o nosso universo continua a se expandir desde aquela grande explosão. O mais espantoso, no entanto, é que a tradição hindu, há milênios, já tinha conhecimento disso. A criação é descrita como o ritmo respiratório de Brahma. Ele a expira e inspira fazendo-a nascer e perecer em constante alternância.

Se observarmos o caráter cíclico desse relato, poderemos supor que os Vedas enxergaram mais longe do que a nossa ciência moderna, visto que todas as demais coisas nessa criação se desenvolveram também em ciclos.

Observando outros mitos da criação, nos deparamos sempre com a mesma coisa, só que com outras palavras – o que não nos deve surpreender, pois, apesar das muitas linguagens, há somente *uma* verdade.

São João, no seu Evangelho, diz: "No princípio era o Verbo." Para o hindu, era o som. Por trás da palavra, está oculto também um som e, por trás deste, uma mandala, porque as ondas sonoras se expandem em forma de esferas a partir de um centro, e surge daí a mesma imagem que aparece quando se lança uma pedra na água, só que, desta vez, no espaço.

Em outros mitos, tudo começa com a luz. Ocorre que cada centelha, cada luz, é uma mandala – as ondulações da luz também se expandem uniformemente, a partir de um único centro, em todas as direções.

Uma história mais diferenciada da criação é encontrada nas representações de muitas rosáceas góticas, tanto como imagem quanto como símbolo. Os construtores góticos utilizavam a mandala, porque outro símbolo dificilmente seria mais adequado para representar o caráter cíclico da criação e a união da transcendência (ponto central) com a polaridade (contorno da rosácea). Um bom exemplo é a rosácea da catedral de Lausanne. O desenho seguinte mostra a sua estrutura feita em parte, na pedra, pelas molduras de chumbo da janela.

Ao pintar, observe como todas as formas dessa mandala crescem a partir do centro sem perder a relação com esse centro imaginário.

Por mais que viremos e reviremos a criação, nada descobriremos que seja *anterior* à mandala. Ao contrário, é justamente através da mandala que encontramos algo anterior à grande explosão, pois esta é absolutamente insatisfatória para a indagação científica, com o seu eterno "por quê". "Por que será que explodiu assim de repente?" Os pesquisadores continuarão ocupados com o seu *koan* científico: quem nasceu primeiro, o ovo ou a galinha? Do mesmo modo que não há solução lógica para o *koan* zen, não há também solução para o *koan* científico. A solução se encontra antes no centro da mandala, e só é acessível pela experiência.

Tente agora desenhar os pontos centrais nos seguintes círculos ou bolhas de sabão:

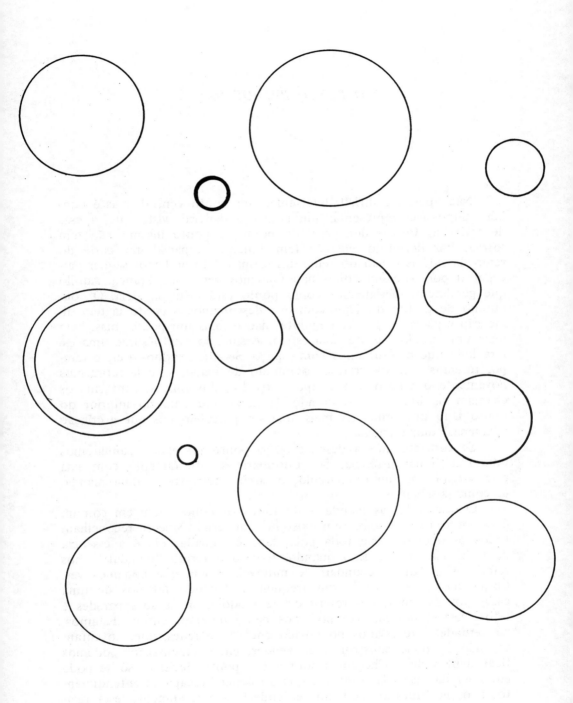

O PONTO PRIMORDIAL

Não apenas é difícil determinar um ponto central, mas é também impossível representar um ponto verdadeiro, visto que, apesar de todas as formas derivarem do ponto, o ponto mesmo não tem forma. Por definição, ele não tem dimensão espacial, faz parte do reino das idéias e não do reino das formas. Não podemos sequer perceber o ponto, assim como não podemos ver a luz branca. Aquilo que geralmente designamos como ponto está além da idéia. O pouquinho de grafite do lápis com que desenhamos o ponto já tem dimensão espacial e, por conseguinte, não é mais um ponto, mas, bem mais um círculo, ou até uma esfera. Assim, do ponto surge uma esfera logo que o insuflamos com espaço. Se adicionarmos a ele o tempo, teremos a nossa criação, o mundo de *maya*; se dele retirarmos novamente o espaço e o tempo — os dois ilusionistas, conforme os chamam os hindus —, o mundo da ilusão afundará no interior do ponto Uno primordial. E mais uma vez perceberemos que a criação é "apenas" uma mandala.

Se continuarmos a desenvolver o ponto no plano, ganharemos uma reta, uma distância. Se continuarmos infinitamente com essa reta surgirá por fim um círculo, o círculo terrestre — uma mandala, como já sabemos.

O que todas as mandalas de todos os tempos têm em comum é o ponto central uno, sem existência material. Nele se reconciliam todos os opostos; nele toda polaridade é anulada. Ele é a essência de toda mandala, mesmo quando, usando o termo "mandala", nos referimos a outra, secundária e mutável, àquela que podemos ver. Cometemos este "erro" com freqüência. Quando falamos de uma casa, por exemplo, nos referimos de modo geral às suas paredes e teto. Nestes, porém, não podemos nem queremos entrar. Estamos, na verdade, interessados no espaço entre as paredes, que, no entanto, não se pode construir nem vender; em compensação, podemos ficar dentro dele. Chegamos aqui a um ponto decisivo: só se pode entender da mandala o fato de que o essencial escapa ao entendimento; isso, no entanto, podemos entender! O entendimento está relacionado com a polaridade, com o espaço e o tempo. Onde estes dois

deixam de existir, deixa também de existir o entendimento. E isso ocorre justamente no centro da mandala. Podemos entender o exterior, e quase sempre se trata justamente de representações da polaridade — na esfera cristã das rosáceas — e muitas vezes até da representação da criação (que é o mundo da polaridade). No centro, porém, há sempre um símbolo do indizível, o ☧ para o Logos ou Deus-pai ou Cristo, ou, em casos raros, até o símbolo do T'ai Chi: em cada cultura o símbolo relativo à unidade. Um trabalho iroquês em prata:

A MEDITAÇÃO

Comecemos agora um exercício simples de meditação. Para fazê-lo, você não precisa saber nada. Basta sentar-se numa posição ereta e cômoda, e contemplar uma das mandalas colocada a pequena distância, à altura dos olhos. Não precisa fazer mais nada além de observar a mandala, sem qualquer esforço ou tensão especial; olhe simplesmente, mantendo toda a mandala no seu campo de visão. Toda vez que perceber que seus pensamentos o estão desviando daquilo que está olhando, volte simplesmente com a sua consciência para o centro da mandala. Este exercício deve ser feito durante cerca de 20 minutos.

Aonde quer que essa meditação o tenha levado, seja o que for que tenha vivido, o que encontrou só pode ter sido você mesmo e as suas criações. Todas as experiências, pensamentos, idéias, sonhos e imagens interiores serão *sempre* o reflexo de nós mesmos.

Se repetir esses exercícios muitas vezes, com o tempo o seu interesse pelas próprias divagações também diminuirá e você penetrará cada vez mais no centro, no seu e no da mandala, porque só existe *um único*.

A PÁTRIA DA MANDALA

A palavra "mandala" vem do sânscrito, sendo, portanto, de origem oriental, caso não se leve em conta que a tradição brâmane remonta possivelmente a origens druídicas (Ram). Na consciência da maioria das pessoas, as mandalas têm efetivamente algo de oriental. Isso, contudo, nem sempre foi assim (como vemos pelas rosáceas góticas) nem precisava ser, pois as mandalas encontram-se igualmente nas raízes de todas as culturas e vivem nas raízes de todo ser humano.

Dentro de cada um de nós continua viva a totalidade do desenvolvimento humano, e também no código genético do nosso material hereditário, que é o mesmo para todos os seres vivos. No início da vida, todos passamos, uma vez mais, pela totalidade do desenvolvimento dos seres vivos, embora de modo muito breve: começamos como unicelulares e, em seguida, como seres aquáticos, nadamos na bolsa embrionária, cuja composição líquida corresponde ainda à do mar primordial. O desenvolvimento seguinte contém a fase em que rastejamos como os répteis e finalmente erguemo-nos e ficamos em pé, o que para cada criança é uma vez mais um passo tão dramático quanto deve ter sido para a humanidade. Até mesmo nós, adultos, mantemos ainda os vestígios da nossa origem, por exemplo a rudimentar pelugem do corpo. O desenvolvimento da linguagem revela-nos o mesmo princípio. Do mesmo modo que no físico, conservamos na alma as imagens e as experiências da nossa longa história; portanto, não é de se admirar que nela existam também imagens da unidade, do paraíso, que outrora abandonamos. E tais imagens da unidade são mandalas. É evidente, portanto, que estão necessariamente em todos os homens e também em todas as culturas; são, por assim dizer, uma herança psíquica comum a todos os seres humanos.

O AUGE DA MANDALA
A CRISE DO HOMEM

Foi sobretudo C. G. Jung quem, nos tempos modernos da nossa cultura, ocupou-se com as mandalas e descobriu que elas surgem como imagens interiores espontâneas, particularmente em situações críticas de caos interior; e são, por assim dizer, uma tendência autocurativa da alma, como, por exemplo, em casos de psicoses e eclosões agudas de neuroses. Por isso ele ressalta o fato de que o estilo gótico, com as suas rosáceas, tenha aparecido numa época de profundo caos exterior; basta apenas pensar nas cruzadas e na inquisição. Não seria, pois, surpreendente que, ao lado das experiências de cura no homem (microcosmo), estas também existissem para a cultura ou até mesmo para o mundo (macrocosmo). Na realidade, segundo a máxima de Hermes Trismegisto (assim em cima como embaixo), estamos à espera dessa concordância entre microcosmo e macrocosmo. Desse modo, o enorme interesse pelas mandalas observado atualmente, e seu crescente aparecimento na arte e nos exercícios de meditação, ganhariam um sentido. Porque, sem dúvida, estamos vivendo hoje novamente uma época que se perde cada vez mais nas aparências e deixa insatisfeita a alma dos homens. A crescente unilateralidade de nossas avaliações, relacionadas, por seu turno, com a unilateralidade do nosso pensamento, expressa bem essa situação.

É claro que o nosso cérebro foi feito para pensar e, por isso, deveríamos ser capazes de reconhecer que o nosso problema está nele.

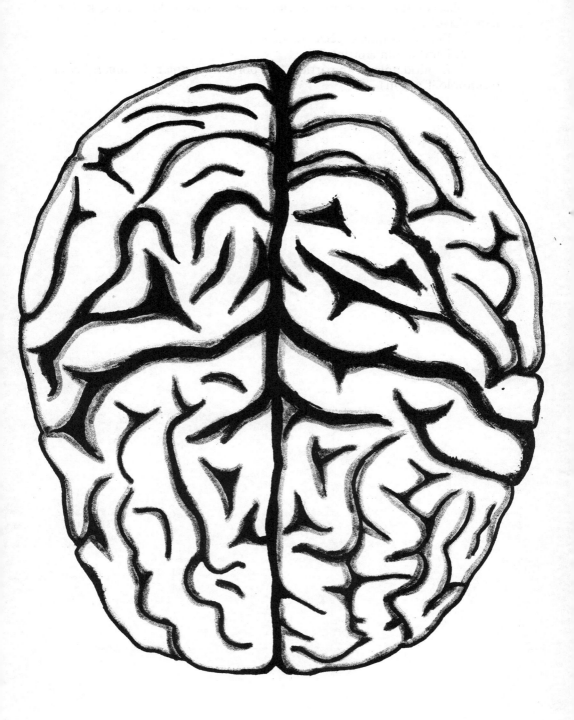

Observando o cérebro de cima, três coisas pelo menos se tornam visíveis:

1. Ele forma uma espécie de mandala;
2. Lembra um labirinto;
3. É nitidamente bipartido e, portanto, polar (compare com o símbolo T'ai Chi).

Ao longo do tempo, aprendemos a nos orientar através do labirinto nervoso do nosso cérebro. Contudo, ao fazê-lo, limitamo-nos quase exclusivamente a uma única metade, isto é, à esquerda, e desse modo nos tornamos unilaterais. É a metade esquerda que analisa e diferencia, que sabe escrever, ler, calcular, domina, em geral, todas as funções do raciocínio e governa o lado direito do corpo (porque, na medula, as vias nervosas se cruzam). O hemisfério direito do cérebro, ao contrário, é responsável pela compreensão unitária do mundo, por todas as coisas artísticas, pelos sentimentos, pela percepção de cores, aromas e vibrações e pelo lado esquerdo do corpo. A ele se agrega o feminino, o lunar; ele corresponde ao escuro *yin*, ao negativo e ao magnético, em oposição ao positivo, elétrico, masculino e luminoso *yang* do símbolo T'ai Chi.

O destaque dado ao hemisfério esquerdo é um fenômeno específico da nossa civilização ocidental. As culturas hindus e grande parte do Oriente deram preferência ao hemisfério direito. Depois da nossa excursão, ainda que curta, ao mundo das mandalas, você mesmo encontrará com certeza a solução do problema — esquerdo ou direito? Sim, você está certo: a solução está outra vez no meio!

Retornando uma vez mais ao cérebro, descobrimos na sua profundidade uma estrutura que interliga as duas metades cerebrais, a chamada "trabécula". Nessa estrutura de ligamento, nesse meio, está a solução, isto é, a harmonização das duas metades — a visão com eqüidade e a indiferença. Estou convencido de que o estado de iluminação se manifesta nesse nível, na harmonia entre as duas metades polares do cérebro. A ênfase a qualquer um dos lados permanecerá sempre forçosamente algo pela metade. Mas, para chegar a essa conclusão, não dependemos desses conhecimentos médicos de fisiologia cerebral. Basta olhar o nosso mundo atual; nem o Ocidente é feliz com a sua metade, nem o Oriente com a sua.

As tentativas dos chamados "desistentes" mostram-nos a mesma coisa. Não será solução alguma se nós, ocidentais, homens intelectualizados, tentarmos — partindo do sentimento muito justo de que não é possível continuar assim unilateralmente — mudar assim de repente para o outro extremo e nos tornarmos ascetas na Índia, índios ou ciganos. Que isso não é, evidentemente, o ideal, já podemos ver nas pessoas que, desde o início, estão nesse caminho, porque nasceram nesses mesmos ambientes, não tendo por isso outra opção. O intelecto não é mau ou culpado, ele apenas não é tudo. A solução está no meio, entre o leste e o oeste, entre o norte e o sul.

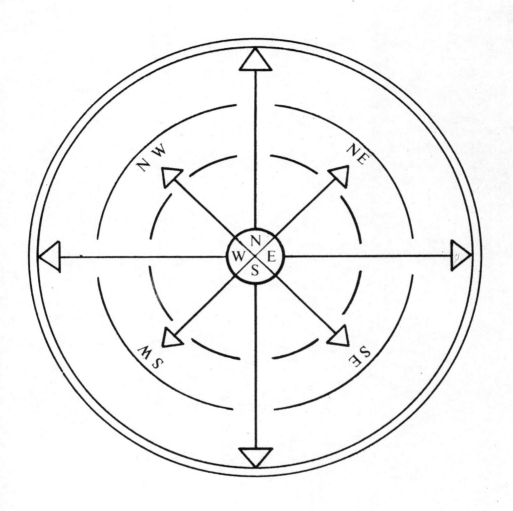

RECURSOS QUE LEVAM AO MEIO

Para chegar ao meio, harmonizar as duas metades opostas do cérebro, seria sensato criar um ambiente que estimulasse simultaneamente os dois hemisférios. Para isso, só precisamos olhar novamente para as tradições que preservaram a meditação e a religião, pois elas usaram, de maneira intuitiva, há milênios, os conhecimentos que hoje nos são fornecidos pela pesquisa do cérebro. Assim, em muitos cultos festivos do Oriente e do Ocidente, a música desempenha importante papel e atua claramente sobre o hemisfério direito. Não tem sentido estimular o lado esquerdo — mesmo com pregações intelectuais — por ele já predominar em nossos "círculos". Pelo contrário, é bom distraí-lo, fazê-lo cansar-se, como ocorre quando se cantam monótonos mantras ou se recita a oração do coração dos ortodoxos gregos ou o nosso rosário. Além disso, o hemisfério direito é estimulado pelos aromas (o incenso) e pelo paladar (os banquetes rituais). Sobretudo, porém, o ritmo e toda forma de monotonia deslocam o centro de gravidade em direção ao meio. O sentido da visão também é importante para encontrar o próprio centro.

Assim, nas mesquitas islâmicas, não há quaisquer representações de figuras, sendo mesmo rigorosamente proibido aos muçulmanos representar com imagens Alah e o seu profeta; em virtude disso, eles se voltam para a ornamentação. Esta, porém, com a sua monotonia, é decididamente maçante para o hemisfério esquerdo e age, através de sua ordem e estrutura, mais sobre o hemisfério direito. Algo semelhante está sugerido no primeiro mandamento: "Não faças imagem alguma de Deus, teu Senhor." Esta advertência contra as imagens tem o seu sentido, pois permite que o hemisfério esquerdo se prenda ao concreto, à crítica e à avaliação. Apesar disso, a religião cristã, especialmente no gótico, procurou a saída no mundo dos símbolos. Sem dúvida também é possível mergulhar no símbolo, no sentido mais autêntico da palavra. Em todo caso, quando transformamos as rosáceas em mandalas coloridas e abstratas, não precisamos sentir falta das representações figuradas dos originais. Estes, já na sua época, provavelmente interessavam menos — são apenas um nível de expressão da mesma coisa num outro nível. Quem já esteve numa catedral gótica deve ter percebido que não são as imagens que produzem o efeito, elas são pequenas demais e não dá para reconhecê-las do chão, mas sim a luz singular de efeito quase mágico que atravessa as janelas e as rosáceas.

Reflita sobre estas coisas e, ao meditar colorindo, dedique um pouco de atenção ao seu ambiente.

HISTÓRIA(S) DA MANDALA

A cultura ocidental industrializada perdeu o acesso às suas raízes e, desse modo, perdeu também o acesso às suas mandalas. Até as catedrais góticas, com suas rosáceas, se degradaram, convertendo-se dos gigantescos templos de outrora, em museus moribundos, mal freqüentados pelos fiéis. Como um conseqüente sinal dos tempos, já se exige muitas vezes, de maneira indireta, dinheiro para o ingresso; não menciono isso como crítica, mas como um símbolo significativo: o comércio substituiu a religião. Em vez de lamentar estes "tempos sem Deus", preferimos começar a observar a história de um ponto de vista diferente, mais esotérico e, por isso mesmo, não avaliador. Nisso também a mandala pode novamente nos ajudar, visto que o próprio curso da história contém em si algo de uma mandala. Não é por acaso que falamos da "roda do tempo". O Ocidente criou com as rosáceas góticas uma das formas mais desenvolvidas de expressão da mandala, ao reunir luz, cor e forma numa unidade. Com isso, o ciclo de desenvolvimento da mandala neste lado do mundo evidentemente foi cumprido, e a mandala desapareceu primeiro da arte e, depois, da consciência. Paulatinamente, todo o pensamento unitário e sagrado foi suprimido pela compreensão intelectual racional e fragmentadora no mundo. O declínio da mandala no mundo interior começa no Ocidente e é justamente esse modo de pensar que hoje nos leva à decadência da mandala no mundo.

Esses ciclos não são algo mau ou que devessem ser combatidos, mas simplesmente a expressão do giro da mandala — representado, da maneira mais nítida, na mandala da décima carta do Tarô, aquela "roda do destino" vista nos pórticos e janelas de algumas catedrais. Essa concordância entre a imagem de uma carta, que tem uma profunda origem esotérica, e uma igreja católica, pode inicialmente nos surpreender, mas nos acostumaremos com isso, pois aparecerão muitas dessas concordâncias.

Pinte esta mandala, a 10ª carta do Tarô, e vivencie o que esse símbolo lhe diz.

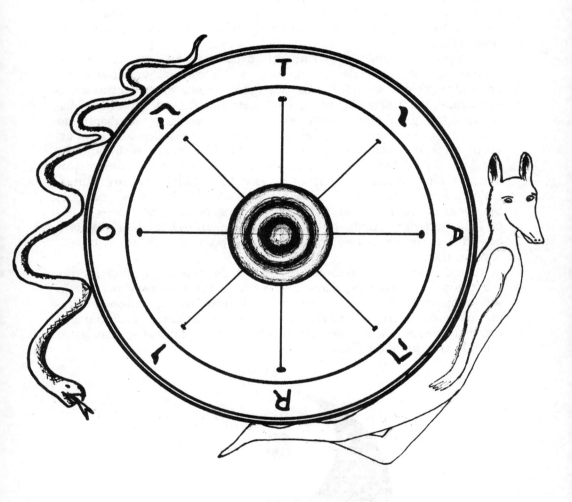

O que nos diz a roda do destino?
Não será isto:
Que tudo o que sobe tem de descer, mas que tudo o que desce também voltará a subir?

Trata-se de uma lei esotérica muito antiga, ou melhor, atemporal, que é válida tanto para as culturas, épocas e estilos da arte como para os povos e os indivíduos, até mesmo para a conjuntura econômica, para os modismos e os gostos. Assim, a mandala mostra o curso geral da história como também o próprio destino dela através do tempo.

Depois do apogeu das catedrais e de suas rosáceas, teve início a destruição da mandala e, com isso, a das culturas unitárias e impregnadas pelo "sagrado". Os espanhóis começaram destroçando as culturas da América Central, significativamente, ao saírem em busca de ouro, e só esse aspecto exterior os interessava. Roubaram-no dos astecas, dos maias e dos incas — povos interessados ainda no aspecto interior desse que era o mais nobre dos metais e símbolo do seu Deus-Sol. Assim, também, não surpreende o fato de os espanhóis nunca terem conseguido encontrar esse "Eldorado", a terra fantasticamente rica em ouro — pois ele não está localizado no exterior. Só quem descobre o seu Eldorado interior pode concretizá-lo também no exterior. Ainda hoje a química se aproxima da alquimia e dos "fazedores de ouro" com uma concepção semelhante e condenada ao fracasso.

O Ocidente estava unido pela idéia da conquista, e vários povos europeus se encarregaram de destruir culturas inteiras que viviam sob a mandala. Em outros termos, o hemisfério esquerdo do cérebro declarou guerra ao direito e este, aparentemente, sucumbiu por completo. Mas apenas aparentemente! Isso pode nos esclarecer o símbolo atemporal do T'ai Chi:

As culturas indígenas da América do Norte, com suas mandalas de areia, foram vencidas pelos europeus, unidos sob a liderança dos ingleses. Na verdade, os europeus estavam em desavença uns com os outros, mas puseram-se de acordo ao avançarem contra as culturas unitariamente orientadas das Américas do Norte e do Sul. Nos outros continentes, as culturas "sagradas" também não tiveram nenhuma chance contra o novo modo de pensar e agir. Dessa forma, a mandala sucumbiu também na Índia, onde determinava toda a vida. Significativamente, um dos seus símbolos de libertação em nosso século foi novamente a roda, aquela roda de fiar que o Mahatma Gandhi girava ininterruptamente para levar de volta os hindus às suas próprias raízes. Os hindus deviam, portanto, fiar primeiro, eles mesmos, o fio que os ligava às raízes da sua tradição.

A destruição das culturas orientadas por mandalas teve um certo encerramento representado pela sujeição do Tibete à China portadora da ideologia racionalista ocidental e cuja antiga cultura, cunhada pelo taoísmo e pelo seu símbolo, o T'ai Chi, já sucumbira anteriormente diante do novo pensamento. As mandalas haviam desempenhado um papel importante na vida do Tibete.

As mandalas vivas da Europa, das Américas, da África, da Austrália e da Ásia foram então destruídas ou tiveram os seus destroços arrastados para os museus. Esse processo abrangeu o mundo inteiro e, mesmo em suas origens, na Europa, as catedrais foram degradadas a locais de visitação, o labirinto de Chartres foi obstruído por cadeiras, onde adeptos de uma religião entorpecida ouviam pregações racionalistas que só raramente tocavam o centro.

A mandala do mundo tomara a seguinte forma:

Contudo, as mandalas jamais morreram inteiramente. Sobreviveram nas sombras, nos destroços, nas fantasias, eclodindo na loucura e no excesso de drogas, esgueirando-se em seu oposto, o mundo da técnica, cujo símbolo mais importante é a roda, parte essencial de qualquer engrenagem. E não é por acaso que em nossa cultura muitos homens se sentem como uma minúscula roda dentro de uma imensa engrenagem anônima.

Não precisamos ter receio quanto às mandalas. Elas não desaparecerão enquanto houver um único homem vivo na Terra. Por mais que uma das metades (do cérebro ou do símbolo T'ai Chi) predomine, no próprio centro da mandala sempre sobreviverá o pólo oposto (o ponto negro no espaço branco).

Esse desenvolvimento da unilateralidade não é bom nem mau — apenas *é*. Ele é inerente à própria mandala, e isso já foi previsto pelas culturas orientadas por mandalas (como na visão do índio Veado Negro, um vidente que prevê a *via crucis* dos povos indígenas até o seu ocaso, ou como nas profecias dos índios Hopi).

Atualmente, estamos num ponto de transição, no ponto da redescoberta das nossas raízes, da nossa mandala interior. Isso também não é bom nem mau — apenas *é*. Assim, vamos assistindo — e não sem razão — à revivescência das mandalas no mundo das aparências: na arte e nas tradições da meditação que despertam para uma nova vida. Em cada mandala podemos *ler* esse desenvolvimento, que obrigatoriamente nos cabe. Encontramos agora a nossa sombra, e ela passa a ser a nossa tarefa: a busca feita totalmente no nível exterior e atolada no vício e no desespero, ou melhor, na polaridade, torna a voltar-se para dentro, para o centro, para o meio, para a meditação. O círculo da mandala volta a se fechar para se abrir e se fechar de novo e se abrir outra vez. . .

SACRIFÍCIO

Vamos fazer agora um exercício no qual nos observaremos na reconciliação com o declínio e a destruição, e através do qual talvez despertemos para mais uma parcela da realidade.

Antes de pintar a próxima mandala, conscientize-se de que, em seguida, irá destruí-la. Observe como você reage a essa idéia e também, mais tarde, enquanto a pinta. Preste atenção sobretudo ao intelecto e às suas inspirações. Ouça o que ele lhe murmura: "É evidentemente um ritual de sacrifício; mas que coisa ultrapassada!" Ou: "Vamos fazer isso bem rapidinho. De qualquer modo, isto é apenas para. . . — bem: para quem será? Para mim é que não é!" Ou: "Isso é inteiramente absurdo e, ainda por cima, perigoso. Não! Eu não!" Ou ainda, mais sugestivo: "Não penso em estragar este belo livro; afinal, trabalharam tanto nele. . ." Ou, fincando o pé: "Não. Por princípio, não posso participar de uma coisa dessas!"

Caso seu intelecto tenha ido até esse ponto, alegre-se. Deixe-o com a sua decisão e faça independentemente dele. E verá que é possível! Será até melhor sem ele, porque agora você está livre, de uma só vez, de todas as pressões e idéias de desempenho e eficiência.

E agora, comece. Faça-o com o coração, e não com o intelecto! Não tenha medo! O intelecto logo supera o seu aborrecimento e a partir daí, você fará o seu trabalho com o coração *e* com o intelecto.

Você terá mais uma chance:

Você estava decidido a não separar a teoria da prática e a não ler rápido demais. Agora é um momento especialmente propício para cobrar esse propósito — treinar para ser fiel a si mesmo. Pinte então esta mandala, consciente do sacrifício que se seguirá. Só vire a folha depois que ela estiver pronta e veja as instruções para a realização do sacrifício.

O RITUAL DA INCINERAÇÃO

Agora, queime a mandala (da página 67) da seguinte maneira:

1. Esteja consciente de si mesmo e de todos os pensamentos e sentimentos que surgirão neste momento;

2. Harmonize-se com o caráter ritual desse ato — pois se trata de um sacrifício. É possível que, através da concentração sobre a mandala precedente, ela, a partir de então, continue viva somente dentro de você, visto que você destruirá a sua forma exterior;

3. Pegue uma vareta de incenso, acenda-a e perfure com ela o centro da mandala;

4. Pegue agora uma vela acesa e segure a página com a mandala de tal maneira que fique o mais longe possível de todas as outras páginas e, em seguida, encoste-a na parte de trás da mandala, exatamente no pequeno orifício central;

5. Deixe queimar a mandala somente até as bordas e, depois, soprando, apague as chamas! Bem, você pode começar!

Ao sacrificar uma mandala, devemos compreender que é impossível destruir sua verdadeira essência. Só podemos libertá-la da sua forma materializada — e, por isso, estática — e devolvê-la às suas origens. Os índios Navajos obedecem à mesma idéia, quando deixam, após a cerimônia ritual, que suas mandalas "se desmanchem na areia". Depois disso, na concepção deles, a verdadeira forma da mandala já se uniu ao homem, ao animal ou ao deus em questão.

Afinal de contas, não houve nenhuma destruição. Uma mandala, do mesmo modo que um homem, não pode morrer; sua essência simplesmente muda de nível.

Bem, agora você não precisa destruir fisicamente todas as mandalas — embora a devolução de uma mandala à unidade possa se tornar um belo ritual. Assim, você realiza algo realmente livre de valor, algo para si mesmo, sem segundas intenções... O ego aos poucos se cansará de combater essa idéia.

Por outro lado, pode ser igualmente lindo conservar as mandalas prontas e alegrar-se com elas. No Tibete, por exemplo, as mandalas não são destruídas, mas levadas para os respectivos lugares de culto, onde transmitem uma atmosfera solene e servem como objetos auxiliares da meditação e da concentração.

Você, naturalmente, também pode tratar suas mandalas com um sentimento semelhante ou apenas vê-las como ilustrações coloridas. Em algum ponto entre esses dois extremos você sentirá — e permita-se sentir — se fez isso honestamente. Não se trata aqui, com toda a certeza, de uma santidade sobreposta, de uma santidade aparente. Se você não conseguiu desapegar-se, porque, por exemplo, simplesmente se sentiu orgulhoso demais com a sua obra, então admita isso também. É assim mesmo — porque *é*.

Todos nós já caímos várias vezes na grande ilusão, na desesperada esperança de poder surrupiar uma parcela do Todo para o nosso ego, algo que só pertence a nós e a mais ninguém. É ilusão achar que podemos guardar algo para nós mesmos; isso é uma evidente negação da única segurança que temos: a certeza de nos separarmos de tudo, o mais tardar, quando nos separarmos do nosso corpo.

Bem, você realizou o ritual e colocou, desse modo, uma vítima clássica no altar do seu ego. Caso não o tenha feito ou tenha continuado a leitura até aqui, perdeu algo de essencial dificilmente recuperável. E isso é assim mesmo porque é realmente assim. Nesse caso, use o seu tempo para outro exercício. Pergunte a si mesmo até que ponto, na sua vida, pode confiar nos seus propósitos; em que medida o seu intelecto o domina — sempre um pouco mais astuto ao transportá-lo "com segurança" para longe do essencial — e se você pretende deixar as coisas assim.

Se você tiver passado por dificuldades no exercício do sacrifício, deve repetir o ritual pelo menos mais uma vez (e, se quiser, mais vezes ainda — com as mandalas do bloco* ou com as suas próprias). Enquanto estiver queimando, evoque o reconhecimento de que tudo nesse mundo polarizado é transitório — inclusive o nosso corpo. Nós também só podemos retornar para o lugar de onde viemos exatamente como a mandala queimando diante de nós.

Veja na sua página queimada o quanto é difícil retomar realmente as suas próprias criações. No lugar da sua mandala colorida restou um círculo carbonizado, com um buraco no meio — novamente uma mandala. É realmente difícil recuperar uma criação qualquer e isso não vale somente para mandalas.

Da página 67 uma mandala nos contempla, através do buraco queimado. É a rosácea ocidental da Notre-Dame de Paris, representando o processo inverso: a criação do mundo. Dedique-se agora a essa mandala e crie as cores do seu próprio mundo.

---

* Para complementar a leitura deste livro, existe à venda, em alemão, um bloco destacável com todas as 72 mandalas principais.

"72 Mandalas aus West und Ost und aus der Mitte" [72 mandalas do Ocidente, do Oriente e do Centro] pode ser adquirido na Edition Neptun, Elisabethstrasse 10, 8000 München 40.

O pensamento de que tudo é assim mesmo da maneira que é, é muito antigo, mas difícil de ser aceito por nós. Na realidade não necessitamos de uma perspectiva nova, mas de um modo inteiramente novo de observar, para sermos capazes de ver também na destruição e no declínio o pressuposto necessário do ·novo início. Uma indicação disso pode nos ser dada pela palavra de origem grega "catástrofe", que tem, na verdade, o sentido original de "retorno" (*hé katastrophé*). Os antigos viam, portanto, em cada catástrofe também a oportunidade para o retorno.

Mas, nos dias atuais, uma catástrofe também não expressa outra coisa: que é chegada a hora de retornar e de sair do extremo indo novamente em direção ao centro. Desse modo acabará caindo segundo a lei do pêndulo, no outro extremo, como se pode ver na 10ª carta do Tarô — a roda do destino. Ambos, o pêndulo e a roda, nos apontam a mesma saída: só no centro da roda existe a quietude eterna. O pêndulo também perderá, em cada oscilação, um pouco de energia (caso não seja constantemente acionado por uma engrenagem) e finalmente achará a quietude no centro.

Agora vamos deslocar o centro de gravidade ainda mais nitidamente da cabeça para as mãos, para o trabalho manual. Este caminho também não é nada novo. Aliás, em todo este livro não há nada de novo, tudo já existia e vem de algum lugar. Você agora é bem capaz de dizer: "Trata-se de um plágio." Ou: "Ele teve muito trabalho para juntar isso," ou, então, você o toma simplesmente pelo que é, como moldura para o seu caminho, sem esquecer que toda moldura é uma limitação que, afinal, precisa ser rompida.

A junção do trabalho intelectual com o manual já é encontrada na antiga regra monástica *Ora et labora* [Ore e trabalhe]. Esta regra vem do tempo em que os monges eram os portadores da cultura e também os construtores das igrejas cristãs. Muitos instrutores espirituais se empenhavam e ainda se empenham na união do trabalho manual com o intelectual. Basta pensar nos maçons, que surgiram de associações de pedreiros, criando assim uma importante base da nossa cultura.

Eis algumas normas para o trabalho manual e a maneira correta de encará-lo: antes de tudo, interessa-nos o trabalho em si, e só depois o seu resultado. (Atenção: O intelecto tentará inverter isso!)

Não há o que criar ou conseguir; e não existe nenhum prazo no qual você tenha de criar ou conseguir algo.

E mesmo que você acabe criando alguma coisa mais bonita ou mais feia, de maneira mais rápida ou mais lenta do que o seu amigo, isso não o tornará melhor nem pior, mas simplesmente é assim — e, sobretudo: pode ser assim. Você pode copiar como ideal a atitude dos passarinhos; ao construírem seus ninhos, eles não são nem apressados e nem lentos demais, não trabalham de modo desmazelado nem com exatidão exagerada. Fazem-nos no tempo certo e sem concorrer com o parceiro, mas junto com ele — enfim: tomam sempre o caminho do meio e o fazem a partir do seu centro.

Pinte agora a sua mandala ninho-de-passarinho com a atitude correspondente: elemento por elemento.

A DANÇA AO REDOR DO CENTRO
E O INTELECTO
Como Observador

A melhor ajuda para sentir o próprio centro no decorrer da ação é permanecer consciente, aconteça o que acontecer; observar-se sempre, de modo consciente, não importa o que esteja fazendo. Observar-se quando fica impaciente, quando a coisa é entediante (o intelecto vive da variação, e um dos seus argumentos preferidos é: isto é "maçante"), quando fica enfurecido e quando fica cansado... É preciso que compreenda sempre que se trata de uma meditação e que isso se assemelha bastante a uma oração; e quem é que pensaria em rezar de modo particularmente bom ou rápido, ou exato ou eficaz?

Nosso único objetivo é o centro. Observemos as atividades que só funcionam quando exercidas a partir do centro — por exemplo, o trabalho do oleiro no torno. Este gira em alta velocidade e a obra só pode ser bem sucedida quando executada exatamente no centro e com absoluta calma. De outro modo, a argila inevitavelmente voará do torno. O oleiro dá a esse processo o nome de "centramento".

Nas técnicas orientais de luta testemunhamos um fenômeno semelhante: a alta velocidade e força dos movimentos e golpes têm como base a quietude no centro do lutador.

Essa é também a experiência visada pelo T'ai Chi — a sensação de que o corpo se movimenta, embora estejamos imóveis — de que todo movimento flui do centro, estando este, porém, em quietude.

No T'ai Chi, o nosso corpo deve sentir-se tal como a flauta, quando através dela vibram os sons que ela não produz, mas que nascem dela.

A dança dos dervixes islâmicos, com seus rodopios, revela também o mesmo princípio. Os dervixes giram e rodopiam para encontrar no seu centro a quietude (Deus).

Essa dança ao redor do próprio centro pode nos mostrar ainda outra coisa que presenciamos também na nossa dança mais atemporal — a valsa. Se não se consegue encontrar esse centro pelo menos aproximadamente, enquanto o intelecto tenta ao mesmo tempo nos guiar, fica-se inevitavelmente com vertigens. Só depois da desistência do intelecto é que superamos as tonteiras e conseguimos rodopiar quase sem parar. Na dança espontânea, ainda se consegue com relativa facilidade deixar, embora por pouco tempo, o intelecto fora do jogo e, esquecendo-se de si mesmo, girar junto com a música. Por isso a dança proporciona tanto prazer aos que alcançam esse nível. Experimente, uma vez, o contrário: tente dançar bem e do modo mais correto possível. Lá se vai o esquecimento de si, que é, para ser mais exato, o esquecimento do ego.

Brincando de colorir, podemos também chegar ao ponto de deixar o intelecto fora do jogo, só que, para isso, precisamos primeiro reaprender a brincar.

Preencha esta mandala com cores que correspondam à sua dinâmica interior (por exemplo, em tons vermelho-fogo).

A RODA

Não apenas as danças, mas também as rosáceas seculares do gótico revelam o princípio do movimento ao redor do centro em repouso. Ao movimento exterior delas corresponde o repouso do ponto central. A expressão mais flagrante desse princípio é encontrada no ciclone. No seu centro reina uma calmaria literalmente sinistra, cercada por um enorme dinamismo.

Poderemos compreender isso da maneira mais simples tomando como exemplo a imagem de uma roda comum. O conhecimento do princípio da roda deve ter sido outro passo decisivo no despertar da humanidade. Com ele o homem antigo conseguiu dar um grande salto, comparável à arte de fazer fogo ou de trabalhar o metal. Relativamente cedo o homem tornou-se consciente do caráter divino (ou unitário) da roda enquanto símbolo, uma vez que ele já venerava muito antes o sol como divindade. Talvez até a roda tenha sido copiada do disco solar. Seja como for, ele tinha também consigo, na Terra, um símbolo do sol. Há diversas indicações de que o círculo há muito já era um símbolo do divino (veja, por exemplo, o calendário solar dos astecas). Assim, os homens de Cro-Magnon, que viveram no vale de Arriège, na França, muito antes de nossa era, escolheram uma caverna (era muito penoso chegar até lá) como templo, provavelmente porque ela era redonda como um domo natural (a caverna de Niaux).

Muito mais tarde, também as janelas das igrejas ainda tinham a forma redonda, enquanto nas construções profanas esse formato continuava sendo exceção. Muitas basílicas e quase todos os templos ortodoxos gregos obedecem a essa diferenciação: o corpo da igreja é retangular (está na terra), mas a cúpula (que se ergue para o céu) é redonda.

Essa diferenciação simbólica é igualmente nítida nas culturas orientais: o retângulo representa o mundo material e polar, enquanto o círculo representa a forma divina comprometida com a unidade.

Pinte agora a janela redonda, da catedral de Burgos.

O MUNDO DAS ROSÁCEAS
O Simbolismo Ligando Tempos e Culturas

Se nos lembrarmos da universalidade do símbolo da mandala e tivermos presente que só existe uma única verdade e uma única fonte onde todas as religiões beberam, causará espanto a delimitação, a exclusão e a depreciação recíprocas entre as religiões, hoje tão comuns. Embora a nossa Igreja cristã se volte com veemência contra a alquimia, chama a atenção o fato de as igrejas antigas estarem repletas de símbolos alquímicos. Se a astrologia é uma "superstição diabólica", por que então há tantos símbolos astrológicos nas catedrais? Na verdade, cada segunda rosácea gótica é construída com base na "chave de doze", e contém a representação dos doze signos zodiacais. Será que é realmente por "acaso" que os símbolos dos quatro evangelistas — representados por toda a parte — correspondem exatamente à cruz fixa do zodíaco: leão, águia (enquanto escorpião redimido), anjo (aquário) e touro, e que estes, também por acaso, simbolizam justamente os quatro elementos da antigüidade (fogo, água, ar e terra)? Creio que não! Impõe-se a suspeita de que os construtores e planejadores das primeiras igrejas, sobretudo das catedrais, conheciam mais do que os seus atuais administradores. Estamos tentando estabelecer contato com esse antigo conhecimento e seguir a pista da unidade dentro da multiplicidade. Esse é o significado da palavra "uni-verso" e a "uni-versidade" era, originariamente, o lugar onde essas leis deveriam ser reproduzidas. Nos nossos dias, o hemisfério esquerdo do cérebro se contenta com a "versidade", ou seja, a "di-versidade". Na nossa viagem pelo mundo das rosáceas, constataremos culturas, tempos e sistemas dos mais diversos, com o único objetivo de descobrir a unidade na multiplicidade, de desfazer o antagonismo aparente entre os dois conceitos e encontrar assim nosso caminho de volta.

Lao-tsé disse: "a capacidade de reconhecer a fonte do antigo conhecimento é chamada o 'fio vermelho' que nos conduz ao longo do caminho".

Pinte agora a roda do destino, a 10ª carta do Tarô, do portal da catedral de Beauvais.

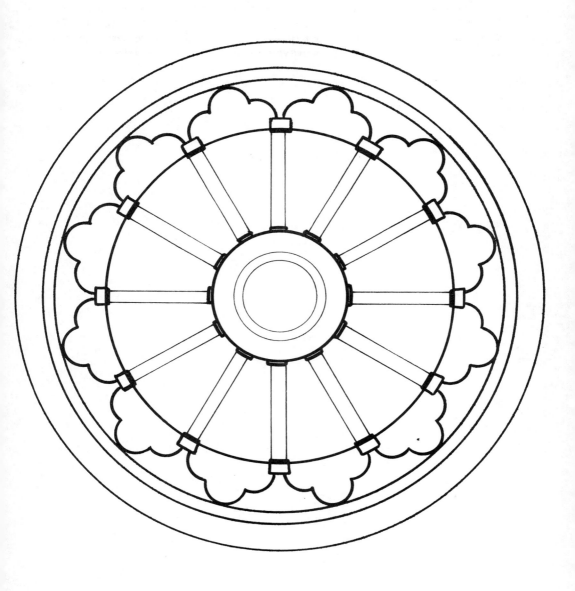

A união do retângulo (enquanto símbolo da matéria representando o finito) com o círculo (enquanto símbolo da unidade representando o infinito) corresponde à estrutura dos iantras orientais.* Essa mesma união encontramos no Islã, e também nos portais das catedrais e, sobretudo, nas rosáceas. Observando a rosácea meridional de Clermont-Ferrand, vemos que ela expressa o infinito (o círculo) na moldura do finito (o quadrado) e, para isso, se serve da pura ornamentação oriunda provavelmente também da arte islâmica.

---

* "Iantra" é a denominação empregada ainda hoje na Índia, no Tibete e no Nepal para as mandalas usadas em rituais religiosos; tanto o iantra grande (como fundamento de templos) quanto o pequeno (pintado para ajudar a meditação) estabelecem o contato entre o divino (o círculo, ou seja, o ponto) e o mundo polar (o quadrado).

Na rosácea ocidental da Notre-Dame de Paris (que você já pintou uma vez na página 69), a Virgem Maria com o menino Jesus é cercada por vinte e quatro espaços que contêm, em total harmonia, os doze signos zodiacais, as virtudes, os vícios e os profetas.

Alguns dos santos cristãos carregam instrumentos estranhos que reconhecemos facilmente como alambiques alquímicos, como, por exemplo, os anciãos do Apocalipse na catedral de Santiago de Compostela.

Na igreja espanhola de San Juan de la Pena — um convento e um lugar de peregrinação —, há um alto-relevo no qual se reconhece nitidamente um *atanor*, o forno usado na alquimia, e a rosácea da Notre-Dame de Paris é chamada ainda hoje "rosa dos alquimistas".

Na catedral de Lyon, o símbolo do T'ai Chi encontra-se no centro da rosácea, portanto, exatamente onde deveria estar segundo a filosofia taoísta. Ele está cercado pelos vinte e quatro anciãos do Apocalipse.

Também na catedral de Toulouse há uma rosácea que mostra um símbolo muito parecido com o do T'ai Chi e que talvez nos forneça mais alguma indicação. Esta rosácea tem no centro duas representações da cruz dos templários. Os templários, possivelmente, detenham a chave oculta para a compreensão do surgimento — até hoje ainda enigmático — das catedrais e do seu secreto simbolismo. É que até os nossos dias não se sabe como o estilo gótico, sem nenhuma fase preparatória — não se conhece nenhuma tentativa malsucedida, nenhuma evolução em direção ao gótico —, pôde realizar em tão curto tempo (cerca de 100 anos) tal abundância de construções. Além disso, a maioria delas se encontra em lugares que ainda hoje são pequenos e que naquele tempo não tinham, de modo algum, condições para dispor do dinheiro e dos conhecimentos necessários para a execução de tais obras. Os templários, ao contrário, possuíam naquela época, ao lado do papado, a mais poderosa organização do Ocidente. Além disso, nessa Ordem, o Ocidente e o Oriente inicialmente se defrontaram como inimigos, porém, mais tarde, tornaram-se dois pólos que se fecundaram mutuamente.

Em diversos lugares, encontram-se representações variadas da roda do destino. Cowen, que dedicou um belíssimo livro* às rosáceas, achava que enquanto a — por ele denominada — "roda da fortuna" se desenvolveu no sentido da rosácea gótica, os signos zodiacais se transformaram nos símbolos dos evangelistas. É um fenômeno bem conhecido: o conteúdo antigo é absorvido pela forma nova, adaptando-se a ela externamente. Segundo esse princípio, os templos cristãos surgiram nos antigos lugares de culto dos druidas, e as antigas estradas de peregrinação, como a que leva a Santiago de Compostela, ligaram-se aos novos conteúdos cristãos. A roda do destino, na fachada de Beauvais, representa o simbolismo típico da décima carta do Tarô, onde as antigas figuras egípcias aparecem simplesmente vestidas com trajes ocidentais.

Fora do gótico, encontramos também nas nossas igrejas o simbolismo que une as culturas. Pensemos na simbólica das rosáceas românicas, de estrutura simples, e na roda do renascimento do budismo. No centro desta última, a redenção é muitas vezes representada pelo loto de mil pétalas que cresce da cabeça de Buda. No centro da rosácea cristã, a redenção é freqüentemente representada também por uma flor: a rosa, o símbolo da Virgem Maria e, portanto, do amor, ou também pelo Logos, o Cristo. Um magnífico exemplo disso é a nossa próxima mandala, a da fachada ocidental do domo de Orvieto, do século XIV, cujo centro apresenta a cabeça de Cristo rodeada de ornamentos. Esta mandala está inscrita também num quadrado; nos espaços externos, há cinqüenta e duas cabeças que simbolizam provavelmente as semanas do ano. Essa roda tem ainda uma particularidade, ou seja, vinte e dois raios. Esse número era de grande importância para os antigos, pois existem exatamente vinte e duas chaves do Tarô (os arcanos maiores) e vinte e duas letras do alfabeto hebraico, que desempenham um importante papel na Cabala. De novo encontramos os mesmos símbolos que nos remetem à mesma fonte. Assim, por exemplo, o termo alemão para "letras" (*Buchstaben*) significa literalmente "varas de faia", e estas remontam lingüisticamente às varas de faia que os velhos germanos e seus ancestrais usavam para ler a vontade dos deuses. Na realidade, essas varas não eram, na origem, um sistema de informação entre os homens, mas um sistema divinatório pelo qual o sacerdote lançava as varas e nelas interpretava a vontade de Deus — de modo semelhante aos taoístas que jogam os caules do milefólio do oráculo lo *I Ching*.

No nosso caminho pelo mundo do símbolo das rosáceas, é de extrema utilidade reaprendermos a prestar atenção às "letras" (varas de faia) a fim de decifrar, nas suas estruturas, a linguagem da criação.

---

* Painton Cowen, *Die Rosenfenster der gotischen Kathedralen* [As rosáceas das catedrais góticas], Herder-Verlag, Freiburg, 1979.

Nosso próximo exercício nos leva agora a uma catedral; esses gigantescos testemunhos do nosso passado ocidental continuam entre nós e têm uma proteção bastante singular, o que certamente também não é um acaso. Até mesmo movimentos tão radicais (que vão até as raízes!), como a Revolução Francesa, não conseguiram danificar seriamente as catedrais. A destruição foi relativamente pequena e elas estão conservadas até hoje. Teria sido, sem dúvida, muito simples atirar pedras nas janelas "sagradas", mas, apesar de todo o rancor anti-religioso, essas pedras não foram jogadas. Para mim, o mais impressionante é o destino da catedral de Colônia. Quando eu era criança, meu pai mostrou-me uma foto da cidade totalmente destruída pelas bombas. Fiquei perplexo ao constatar como o gigantesco domo negro se elevava quase intacto acima do deserto de escombros. O que senti, nessa ocasião, foi uma mistura de emoções: "Será que existem mesmo anjos da guarda?" e "Isso não tem cabimento!" Seja qual for a explicação que se queira adotar, estes monumentos gigantescos ainda permanecem entre nós e não podemos deixar de notar a sua presença.

Visite então uma catedral próxima, sente-se dentro dela, tendo sempre em seu campo visual uma rosácea. Quando tiver encontrado o *seu* lugar na igreja, deixe simplesmente o seu olhar passear por sobre a rosácea e trate de mantê-la como um todo no seu campo de visão. Não se trata de reconhecer algo definido, mas apenas de olhar. Desse modo, o seu olhar se relaxará sem a sua intervenção. Deixe, em seguida, acontecer o que acontece por si mesmo e, se nada acontecer, isso deve ser o melhor para o momento.

Repita o mesmo exercício diante da rosácea, uma vez mais, noutra hora do dia, e observe como a cada hora se modifica a criação que se reflete na janela. Só o ponto central se mantém inalterado. Desse modo, você poderá presenciar a criação da rosácea nas cores da manhã e do entardecer.

Nas duas páginas seguintes, você encontrará a mesma rosácea. Pinte a primeira nas cores da manhã e a seguinte nas cores do entardecer.

Se conseguiu realmente realizar esse exercício numa catedral, você deve ter observado que ela é construída na direção da luz. A nave principal aponta exatamente do Oeste para o Leste, e a nave lateral forma a trave curta da cruz latina, do Norte para o Sul. Não se trata de um acaso; todas as catedrais estão *orientadas* dessa maneira, ou seja, apontam na direção do Oriente (o Leste, a manhã, o deus solar). Antigamente, o altar era situado no ponto de intersecção das duas traves da cruz e, portanto, no centro, tal como hoje ainda é em Chartres. Assim, a consagração e o mistério da fé podia ser realizado na esfera do infinito, do divino. Pois a cruz também se originou da mandala, como se pode ver na rosácea — bússola (pág. 53) e no símbolo da Rosa-cruz.

Por que – podemos nos perguntar – as igrejas cristãs estão orientadas desse modo... e por que, no Ocidente, nos servimos de uma palavra que, de maneira preconcebida, tem o sentido de "procurar a direção", mas que literalmente significa "procurar o Oriente"? Será que é porque a luz vem do Oriente e a sabedoria esotérica arcaica *ex oriente lux* – que podemos observar todas as manhãs no céu – vale também para a religião cristã? É evidente que sim, embora não haja atualmente quase nenhum sacerdote que atribua a isso algum significado.

Dessa forma, as catedrais encerram ainda muitos elementos de uma ordem que não nos é mais familiar. Do mesmo modo, a maioria das rosáceas obedece também, em sua temática, aos pontos cardeais correspondentes: no norte, localiza-se o passado, muitas vezes com representações do Velho Testamento ou do Menino Jesus ou da Virgem Maria; no sul, encontramos mais o presente, com temas do Novo Testamento; no oeste, está o futuro, representado pelo Juízo Final, por Cristo como Juiz do mundo, ou pela construção da Nova Jerusalém; no leste, não há rosácea, mas o coro. O leste já se encontra presente dentro de cada rosácea, no ponto central, em virtude da adimensionalidade e atemporalidade que nele reina. Porque, se imaginarmos o tempo como uma linha reta – o chamado Eixo do tempo que, vindo do passado conduz ao futuro – veremos então que o momento presente – um ponto no tempo – não possui dimensão neste eixo; é, por assim dizer, atemporal. A mandala – nesse caso, a rosácea – nos revela agora – tal como já o fez antes em relação ao espaço – que também o tempo é uma ilusão: ele está representado nas esferas exteriores da rosácea – tal como o percebemos a partir da polaridade – pelas mais diversas imagens: as estações do ano, os doze meses, as cinqüenta e duas semanas ou o zodíaco. Tudo isso se junta e se reúne no ponto central, retirando-se assim do Eixo do tempo. Enquanto, no exterior, prevalece a criação através dos tempos, segundo as leis da roda do destino, no centro impera o Logos, Cristo, de eternidade a eternidade.

E a rosácea nos demonstra ainda outro fenômeno relacionado com o tempo. Enquanto exteriormente, na polaridade da criação, tudo se desenvolve e se move ($\pi\acute{\alpha}\nu\tau\alpha$ $\rho\epsilon\tilde{\iota}$ – tudo flui, segundo a formulação de Heráclito), o centro se mantém em eterna quietude atemporal. Daí deduzimos que a única coisa certa, no nosso mundo polar, é que nada permanece como está. Só quando tivermos retornado ao centro, perceberemos que tudo permanece como é: eterno, atemporal.*

---

* No nosso ambiente físico encontramos uma analogia perfeita com essa situação. Sabemos que este mundo é constituído de átomos e que estes são, na verdade, constituídos de energia, isto é, a sua parte material é extremamente diminuta e se localiza no centro. Hoje vivemos firmemente enterrados no mundo das ilusões, num mundo vazio. A única coisa que realmente existe está inteiramente no centro, e nós nunca entramos em contato com ela. Aquilo que contatamos é comprovadamente ilusão.

Quando Cristo, que reina no centro da rosa, declara: "Ninguém chega ao Pai senão por mim", isso significa que há um só caminho para o céu ou para Deus, e que esse caminho leva, através do único centro da unidade adimensional e atemporal, de volta ao paraíso onde Adão e Eva ainda não sabiam que eram diferentes um do outro (homem e mulher = polares), porque, na unidade, não existe diferenciação.

Ao lado desta sentença de Cristo, há uma outra que a complementa: "Porque em verdade vos digo que o Reino do Céu está dentro de vós." Vista assim, a rosácea, do mesmo modo que qualquer mandala, passa a ser para nós um mapa, não apenas de todo o universo, mas do panorama interior da nossa alma. Não é, portanto, de se admirar que por toda parte surja o mesmo mapa como sinal e símbolo, e que também seja reconhecido, em toda parte, pela essência interior de cada homem. Este símbolo sempre existiu e permanecerá para sempre, pois existe em todos os níveis. Ele não permite que o eliminem da Terra, conforme vimos pelo breve esboço da sua história. Ressurgirá sempre das profundezas da alma, por mais que o reprimamos — assim como os contos de fada e as lendas populares sempre se regenerarão a partir dessas profundezas. Não se pode escapar da esfera das mandalas. O círculo se fechará sempre novamente, por mais que queiramos nos defender disso. Seja o que for que façamos à mandala, ela sempre ressurgirá e sempre tornaremos a reconhecê-la, quer seja num caça-bombardeiro ou na estrela de Belém, no boné de um revolucionário ou na rosácea de Notre--Dame.

Mesmo que façamos dela uma roda girando em sentido inverso (para a esquerda), como ocorre com a suástica — o velho signo rúnico — faz parte da natureza da roda do destino que o que está em cima acaba voltando para baixo, e vice-versa. E, com efeito, mesmo sob a suástica e no período de maior desenvolvimento do seu poder, formou-se uma pequena força oposta e compensadora, simbolizada pela rosa branca, que aspirava o retorno ao centro...

Sem querer, lembramo-nos do ponto branco no campo negro do símbolo T'ai Chi.

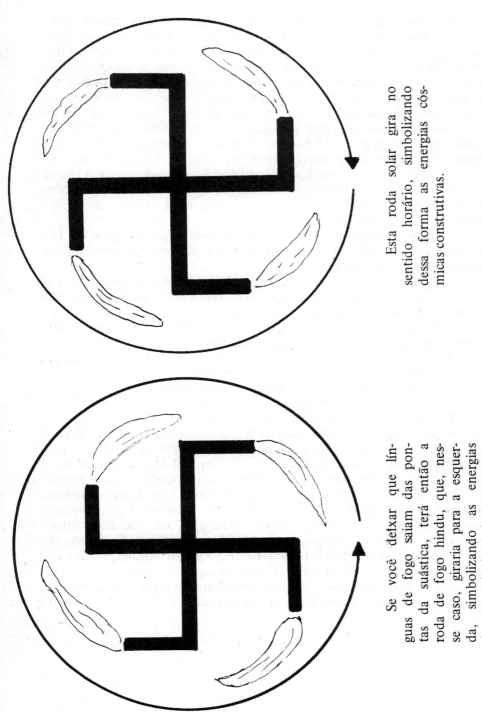

Se você deixar que línguas de fogo saiam das pontas da suástica, terá então a roda de fogo hindu, que, nesse caso, giraria para a esquerda, simbolizando as energias do caos e da destruição.

Esta roda solar gira no sentido horário, simbolizando dessa forma as energias cósmicas construtivas.

No meio das rosáceas góticas se desvelam os dois grandes mistérios da nossa existência: o espaço e o tempo. Assim, elas nos lembram uma outra mandala, que também une o espaço e o tempo num único símbolo: o horóscopo, a equação de espaço e tempo, calculada a partir do lugar e da época do nascimento de uma pessoa ou de um acontecimento. Um horóscopo não é, como se supõe muitas vezes, uma criação estática e fixa, mas, do mesmo modo que qualquer mandala, um processo dinâmico. A tranqüilidade só reina no centro, e o caminho até lá é longo. O melhor é imaginá-lo como uma espiral que vai se estreitando (como um caracol). Uma vez percorrido, o círculo recomeça num nível um pouco mais elevado e torna-se cada vez menor, aproximando-se desse modo paulatinamente do centro e, assim, da libertação (compare com a roda budista do renascimento e com o pêndulo).

A rosácea pode ser considerada o horóscopo do mundo. Ela representa o nascimento do mundo e o seu posterior desenvolvimento (como qualquer horóscopo).

Agora pinte esta antiga representação do horóscopo-mandala com cores que — desde que você tenha interesse — correspondam às diversas esferas e planetas.

Caso você até agora não tenha se ocupado com o simbolismo astrológico, eis aqui algumas breves indicações:

Os doze signos zodiacais estão associados aos quatro elementos:

Três signos do fogo: Áries, Leão, Sagitário;

Três signos da terra: Touro, Virgem, Capricórnio;

Três signos do ar: Gêmeos, Balança, Aquário;

Três signos da água: Câncer, Escorpião, Peixes.

A partir daí já resulta uma certa combinação de cores. É possível ainda uma outra diferenciação, se você levar em conta o planeta ligado a cada signo zodiacal. Marte (vermelho) relaciona-se com Áries; Vênus (verde), com Touro; Mercúrio (amarelo), com Gêmeos; a Lua (prateada), com Câncer; o Sol (ouro), com Leão; Mercúrio (laranja), com Virgem; Vênus (verde), com Balança; Plutão (vermelho-escuro), com Escorpião; Júpiter (violeta), com Sagitário; Saturno (preto), com Capricórnio; Urano (azul ou multicolor), com Aquário, e Netuno (verde-garrafa), com Peixes. Essa determinação das cores é parcialmente questionável e nem sempre inequívoca, fato que não tem importância para o nosso propósito. Busque a combinação que mais se harmonize com o seu modo de sentir.

Na rosácea, o nascimento do mundo se assemelha a uma explosão, muito provavelmente à explosão primordial relatada pela ciência: a luz se desfaz em todos os seus aspectos, torna-se multicor e radiante, solidificando-se cada vez mais em direção às bordas para finalmente se petrificar. De modo inverso, a rosácea retorna à criação, unindo-a num único ponto, tal como uma lente convergente que faz brilhar o fogo no centro dos seus raios. Algumas rosáceas têm, de fato, estruturas lentiformes nas bordas, como, por exemplo, a rosácea meridional de Chartres, onde doze dessas lentes dirigem a luz para o centro. O medalhão central tem, ainda, mais doze lentes, tornando o Cristo nele representado o "foco" do universo, no sentido mais autêntico da palavra; ali ele nos liberta da roda do destino exatamente como o vazio do nirvana liberta o budista da roda do renascimento.

A luz é um fenômeno central das rosáceas e um dos segredos do gótico. O vidro dessas janelas de arco e de rosácea guarda até hoje o seu segredo e, apesar das muitas tentativas, jamais se conseguiu criar um vidro colorido de brilho semelhante. Sabemos de algumas poucas coisas, mas o segredo fundamental permanece oculto, como tantos outros segredos do gótico. Dessa forma, diz-se que, no século XIII teriam sido fundidas junto com o vidro das janelas pedras preciosas, a fim de reter nelas mais luz ainda, porque um dos segredos das pedras preciosas — sobretudo os diamantes — é que deixam a luz penetrar, mas dificilmente a liberam em virtude das suas propriedades específicas de refração. Assim, a luz fica retida na pedra fazendo-a cintilar. Fenômeno análogo é produzido pelas rosáceas; através delas, a luz irrompe quase como através de pedras preciosas, mergulhando o interior da catedral numa luz singularmente mística. Desse modo, as janelas passam a ser as estrelas da catedral e as rosáceas o seu sol. Enquanto símbolo e cópia do sol, as rosáceas representam um nível intermediário entre o sol verdadeiro e os homens. A rosácea filtra para nós o sol, cuja luz dificilmente podemos olhar diretamente, como tampouco podemos suportar a presença de Deus. O Logos que forma o centro de muitas rosáceas é igualmente o intermediário entre nós e a infinitude de Deus.

Enquanto estrelas cintilando acima dos homens na nave da catedral, as rosáceas indicam o caminho, tal como a estrela de Belém havia indicado o caminho aos três magos do Oriente. E elas iluminam o mesmo caminho — em direção a Cristo, ao Logos. Também a estrela de Davi — a estrela de seis pontas, que une o macrocosmo e o microcosmo (representados muitas vezes por dois triângulos que se interpenetram: fogo e água, vermelho e azul, as principais cores das rosáceas) — anuncia o nascimento da luz na época do solstício de inverno (no hemisfério norte), portanto, da maior escuridão, de modo semelhante às rosáceas, que anunciavam sua mensagem numa época de trevas.

Pinte agora a estrela da cúpula da catedral de Burgos.

O MUNDO DAS CORES

O livro do Gênesis começa com as seguintes palavras: "Faça-se a luz!" Desse modo, a luz está desde o começo no ponto central. Sem a luz, nada se revelaria a nós. A rosácea é a luz da catedral, que, no fundo, é criada por causa da luz, sendo ela própria também uma representação da criação. A partir de um único centro, desenvolve-se a multiplicidade do mundo das cores e das estruturas que, ao se irradiarem para fora, tornam-se cada vez mais materiais, unindo-se por fim à estrutura de pedra na parede da catedral.

Do mesmo modo que todo o espaço se desenvolve a partir do ponto adimensional, o mundo inteiro, em cujas cores e formas constantemente nos perdemos, nasce de uma luz branca. O jogo de luz da rosácea nos remete para o essencial que está no centro, para o Logos, como o espaço interior é o essencial da catedral, e não as paredes e torres de pedra, ainda que nós, presos como somos à polaridade, ao falarmos da catedral, pensemos na sua forma e na sua estrutura.

A essência, porém, jamais está na forma; está situada por trás desta, e ela pode simplesmente nos ajudar a atingir o essencial. Do mesmo modo, na roda, o centro (o meão, aquilo que é realmente essencial) é vazio — tudo, no entanto, gira literalmente ao redor dele.

Assim, o essencial da rosácea está situado também no centro, naquele "centro dourado" de Tomás de Aquino, no Logos, na idéia que repousa por trás da imagem central. Tudo o que nasce desse centro pertence ao "mundo das dez mil coisas", à criação por trás da qual é preciso reencontrar a Unidade. As rosáceas das catedrais nos servem de ajuda, pois do mesmo modo que difundem a luz, elas prendem o olhar, dirigem-no como que por si mesmo de volta ao centro, ao essencial, e o mantêm ali. Tal como todas as coisas belas do mundo — que literalmente nos cativam —, também as cores fazem parte do mundo das formas e das ilusões. Elas simulam uma imagem de abundância e, todavia, não passam de uma expressão de carência, da falta de luz. A unidade que abrange tudo está no centro, e lá não há cor; fora delé, porém, começa o mundo da polaridade. O que determina o nosso mundo é o oposto, o que falta: uma coisa é pequena porque a outra é grande, aqui é quente porque noutro lugar é frio; o bem necessita do mal, o belo do feio, o rico do pobre, o homem da mulher, e até Cristo precisa em nosso mundo de um pólo oposto, do diabo, e ele o respeita também como "Senhor deste mundo" (do nosso mundo polar). Conseqüentemente, cada cor tem também a sua cor oposta, isto é, aquela que lhe falta para tornar-se novamente branca. Dessa forma, cada cor necessita permanentemente de todas as outras cores para retornar ao branco. Simplificando: toda cor tem uma cor complementar, com a qual, ao juntar-se, produz aproximadamente o branco (na prática, é mais o cinza). Por conseguinte, se um objeto for vermelho, isso quer dizer que estará faltando a ele o verde, e vice-versa. Se algo for azul, falta-lhe o amarelo, e assim por diante.

Para nos familiarizarmos ainda mais com a natureza das cores, faremos alguns exercícios simples.

Que todas as cores nascem do branco e que este, portanto, contém todas as cores é algo que você poderá constatar, deixando a luz normal do sol ou de qualquer fonte luminosa diminuta (uma lâmpada elétrica, por exemplo) incidir sobre um prisma. Se isso for complicado demais, você só precisará se lembrar do último arco-íris que viu (aliás, também uma mandala natural). O arco-íris aparece porque a luz (branca) do sol se fracciona em inúmeras gotas de chuva. Você poderá compreender isso com mais clareza pela mandala que vem a seguir.

Pinte cada campo com a cor indicada!

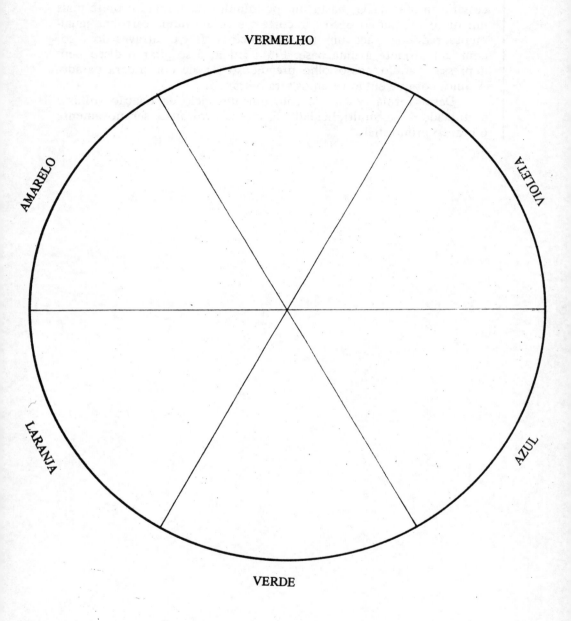

Se sentir vontade, poderá fazer agora com que todas as cores do arco-íris voltem a se tornar o branco. Para isso, não é necessária muita magia, basta um pouquinho de trabalho: pinte mais um disco cromático desses, recorte-o e cole-o numa cartolina igualmente redonda; faça um furo no meio e fixe-o, através do furo, com um alfinete a uma base. Em seguida, é só girar o disco bem depressa; para o nosso olho preguiçoso (!) ele continuará parado. A única cor que então veremos será o branco.

Dessa forma, você fez com que um ciclo da criação voltasse à unidade — a multiplicidade das cores voltou a ser novamente o branco primordial.

Nas rosáceas góticas ocorre o inverso. Elas não representam apenas a criação, mas a conversão da luz na multiplicidade das cores faz delas uma criação contínua: a cada segundo, o universo renasce através da luz que penetra, do mesmo modo que, na concepção hindu, o universo verdadeiro renasce a cada momento.

Se, ao contemplar a rosácea, o seu olhar passar repentinamente da multiplicidade das cores, cair no centro, e você só enxergar o branco — um momento de iluminação —, não terá ocorrido nada além daquilo que o nosso singelo exercício propõe: um ciclo da criação terá retornado ao seu princípio. Não tenha receio, ele começará novamente.

Neste exercício, enquanto pintamos, vamos explicar ao nosso intelecto a história da criação das cores. Você deve deixar em branco, como cor de origem, o hexágono interior da estrela de David, na página em frente. Pinte então de vermelho o triângulo superior, de azul o triângulo inferior esquerdo e de amarelo o inferior direito, de modo que correspondam às chamadas três cores primárias. Daí teremos então as cores dos triângulos intermediários, se você seguir as flechas e misturar as duas cores vizinhas... o vermelho e o amarelo terá, portanto, o laranja; o azul e o amarelo produzem o verde, e o azul e vermelho produzem o violeta. Estas são as cores secundárias. Certamente você agora compreenderá também por que os televisores em cores produzem, com apenas três cores, todas as demais. Você só precisa mesclar de cada vez as duas pontas ou as cores vizinhas para obter, assim, todos os matizes possíveis das cores (enfatizando, "todos"). Por exemplo, o vermelho e o laranja produzem o vermelho alaranjado; o amarelo e o verde, o amarelo esverdeado, e assim por diante, infinitamente.

A mandala da estrela cromática revela-nos ainda alguns outros segredos das cores:

1. As cores complementares se situam como opostos, uma em frente da outra (como é próprio dos pólos que se opõem).

2. Misturadas, elas tornam a produzir o branco (cinza).

3. Colocadas uma ao lado da outra, formam o maior contraste possível.

4. Cada par de cores complementares contém as três cores fundamentais, que, juntas, resultam novamente no branco.

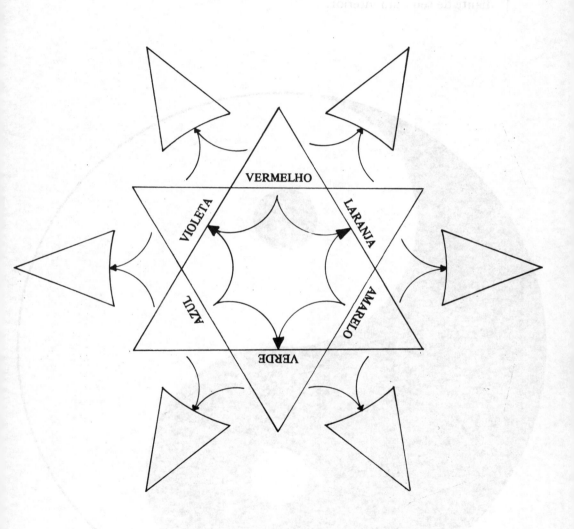

Agora um novo jogo nos faz reconhecer as cores como expressão da polaridade.

Num ambiente relativamente escuro, ilumine fortemente este símbolo, já familiar, e olhe intensamente para ele durante alguns minutos. Feche, em seguida, os olhos e observe o que vê diante de seu olho interior.

Correto, em lugar do símbolo negro sobre um fundo branco, você vê agora o símbolo branco sobre um fundo negro; portanto, o seu complemento. Esta "pós-imagem" sempre é constituída da cor oposta ou complementar!

Este exercício nos mostrará quão próximos estão os pólos opostos na nossa consciência. Melhor dizendo, o outro está sempre logo ao lado, oculto na "sombra". Como diz a sabedoria popular, amor e ódio andam sempre juntos, e cada pólo tem o seu pólo oposto, cada ponto de vista o seu contrário.

Atenção! Esta lei não tem exceções -- tenha consciência disso e isso poderá mudar toda a sua vida!

Um exercício que nos faria ultrapassar bastante o alcance deste livro seria o seguinte: sempre que você perceber que avançou muito na direção de um dos pólos, feche os olhos por alguns minutos e, enquanto isso, reúna argumentos *a favor* do pólo oposto. Você logo notará que o pólo oposto é igualmente representável, sempre, a partir do ponto de vista contrário. Em última análise, os pontos de vista são *equi-valentes*.

A *única* verdade que todos gostariam tanto de representar está situada no meio e é tão difícil e tão fácil de ver como a luz branca, que não possui nenhuma cor oposta, pois ela é *todas* as cores.

119

No mundo da polaridade, não somos capazes de perceber a luz pura que, no esoterismo e na religião, sempre foi o símbolo da unidade e da iluminação. Na Bíblia, isso é formalmente representado, de tal modo que cada vez que Deus aparece envolto pela luz, os homens ficam ofuscados pela sua luminosidade. Não podemos ver Deus (a unidade) e, se nos aproximamos demais dele, não podemos suportar. As rosáceas se tornaram para nós a intermediação e a versão da unidade para o nosso nível de polaridade. Essa intermediação se desenvolveu passando por várias fases. Assim, as janelas mais antigas e sobretudo as rosáceas românicas deixavam penetrar a luz branca, sem refração alguma, através da abertura central — toda a luz contrastava intensamente com a parede escura, da criação, como por exemplo em Astorga (Espanha).

Nas rosáceas plenamente desenvolvidas do gótico superior, o símbolo da luz pura, branca, foi substituído pelo símbolo do Logos ou do amor (a Virgem Maria).

O SIMBOLISMO DAS CORES

As cores predominantes na maioria das rosáceas são o vermelho e o azul, que representam a polaridade de quente e frio. O meio entre as duas seria, como podemos ver na mandala das cores, o violeta que, no mundo das cores sagradas (visíveis ainda nas vestes usadas na missa), tem uma significação de unidade e sacralização. Diz-se que essa cor inspira no homem a espiritualidade, o caminho do centro.

O *azul* não simboliza apenas o frio, mas é, ao mesmo tempo, a cor do princípio receptivo e acolhedor e, por isso, do feminino. É a cor do manto da Virgem Maria, que representa o feminino em geral e cujo nome tem relação com o mar azul. O mar simboliza também o afundar e o ser tragado e, desse modo, o azul representa igualmente a profundidade, o afundamento e a passividade, como se pode ver no uso popular do termo "azul". O azul é, por conseguinte, a cor do princípio feminino, reprodutor e multiplicativo. A ele cabe também um caráter criador. Vishnu era para os hindus o deus azul, e também Ágni, o deus à procura da verdade, costuma ser representado em azul. Assim, o azul é também a cor da verdade, da fidelidade e da imortalidade.

E, assim como podemos mergulhar no frescor do azul, do mesmo modo o *vermelho* nos estimula. Ele é quente e tem a cor das chamas, sendo também a cor do Espírito Santo que, no Pentecostes, desceu sobre os apóstolos sob a forma de línguas de fogo. O vermelho é a cor da coragem, do ardor do entusiasmo e atua sobre o mundo exterior de modo semelhante ao do violeta sobre o mundo interior. Além disso, o vermelho simboliza o amor no nosso mundo; por isso, dizemos também que o amor é quente e até mesmo ardente. Os ciganos têm escrúpulos quanto ao excesso de vermelho em seus "trailers", e tratam de se cercarem de bastante violeta, cor que expressa o equilíbrio.

Uma cor importante nas rosáceas, ainda que compreensivelmente rara, é o dourado, que, na verdade, só cabe ao "centro dourado" e servia principalmente para a apresentação do Logos e da luz solar como símbolo da luz revelada.

Também no mundo profano o dourado é reservado às coisas mais importantes e centrais. Só o alto valor comercial do metal já garante isso. Assim, ele é a cor de reis e imperadores no nosso mundo ocidental e também no resto do mundo. Basta pensar nos lendários tesouros dos maias, astecas e incas, povos para os quais ele também era consagrado ao sol, como a cor da divindade suprema.

Bem próximo está situado o *amarelo* que, em sua forma pura, passa ainda como cor da luz. Mas à medida que tende para o pálido ou para a cor de enxofre, torna-se a cor da inveja, do ciúme e da traição. Judas Iscariote é freqüentemente representado nesse tom de amarelo.

Ele é também a cor do enxofre, a substância fundamental com que o diabo aquece o Inferno.

O *branco* como cor da luz não fraccionada, de modo semelhante ao ouro, é próprio do que é mais elevado. É a cor das vestes sacerdotais, desde os egípcios, passando por Aarão, o primeiro sacerdote bíblico, até as vestes dos gurus da Índia e também do Papa. É, além disso, a cor da ressurreição, passando assim a ser também a cor dos mortos, porque quem quer ressuscitar precisa primeiro morrer neste mundo; por essa razão, o branco é também a cor do renascimento espiritual.

Desse modo, não devemos nos surpreender com o fato de, em alguns países e culturas — como por exemplo na Índia —, o branco ser a cor dos funerais. Isso depende apenas do ponto de vista do qual se considera a morte. Assim, em muitos países, as flores para os mortos são brancas, do mesmo modo que as flores com que se presenteiam os mestres renascidos. O loto, símbolo, no Oriente, do mais elevado desenvolvimento, também não é branco por acaso, e simboliza, ao lado da perfeição, a pureza absoluta. E, desse modo, estamos novamente em casa, pois, como vimos, a física comprova para nós — já que para tudo precisamos de provas — que o branco é a única cor perfeita, porque contém em si todas as outras cores. Além de ser também o símbolo da pureza, o que costumamos enfatizar ainda mais com expressões do tipo "branco como a neve" e outras.

As outras cores das rosáceas são nitidamente secundárias, o que não significa que você não deva usá-las para pintar as mandalas. Nas mandalas hindus o *verde* e o *marrom* são os que mais aparecem, o que é compreensível por serem as cores mais freqüentes na natureza; o verde como cor da paz também é muito encontrado nas rosáceas. Além disso, conhecemos o verde como a cor do Islã e também como símbolo do crescimento. Visto que o verdejar da natureza enche o homem de nova esperança, após um longo inverno (branco), semelhante à morte, o verde simboliza a esperança.

Há ainda, naturalmente, muito mais associações a serem feitas em relação a cada uma das cores, já que existem muitas; se tiver vontade, continue brincando com elas por sua própria conta.*

---

* Veja também o cassete de meditação; R. Dahlke, *Atemmandala – Farbmandala* [Mandala de alento – Mandala de cores], Edition Neptun, Munique, 1984.

Observe uma vez mais — em relação às cores — as mandalas que já pintou e reflita sobre o que essas cores representam.

Observe também, pormenorizadamente, o *preto* — ele não é, na verdade, uma cor, visto que representa a ausência de todas as cores — que envolve todas as rosáceas, pois as estruturas de pedra em volta das rosáceas, vistas do interior da catedral, parecem pretas.

Se voltarmos, uma vez mais, ao simbolismo do branco, compreenderemos rapidamente a significação do preto. Assim como o branco representa a perfeição que contém tudo, o preto é a redução absoluta, a falta total de luz e, portanto, também de qualquer cor. No simbolismo astrológico, o preto é a cor de Saturno, o guardião do umbral e, entre nós, a cor do luto e da morte. Cada um deve passar por esse umbral e assim atravessar também a fase da mais derradeira redução; no caminho para a luz, cada um necessita passar também pelo escuro, pela sombra ou pelo mundo das trevas.

As rosáceas simbolizam isso com toda a nitidez, quando nos obrigam a acompanhar com o olhar esse curso arquetípico do caminho. Vindo da escuridão das pedras circundantes, o olhar passeia pelos contornos multicoloridos da rosácea adquirindo, nesse caminho, cada vez mais luz, até se deter finalmente no centro perfeito que contém tudo.

Um exercício interessante é descobrir o que as combinações das cores querem dizer, quais são as mais freqüentes e quais, ao contrário, as mais raras.

Já encontramos várias vezes o predomínio do vermelho e do azul nas janelas das catedrais. Essas duas cores se encontram com a mesma freqüência nas ilustrações das cartas do tarô, onde expressam a mesma coisa: um aspecto do mundo polar dos contrários. Uma combinação de cores que nunca encontramos numa rosácea é o vermelho com o preto. Essa é também uma representação da polaridade, mas é de um caráter que, como você mesmo já notou, não cabe nas imagens das nossas igrejas, pois são as cores do diabo, e este oficialmente não tem acesso às igrejas cristãs. Coerentemente essas cores, mais tarde, foram escolhidas pelos anarquistas e são também aquelas com que os índios Navajos da América do Norte representam o seu deus da destruição. Nesse sentido, talvez valha a pena examinar mais de perto as bandeiras nacionais. Na alemã, por exemplo, as cores do aspecto diabólico da polaridade do preto e do vermelho estão acima do dourado, que é o símbolo da perfeição. A antiga bandeira alinhava ainda as cores da polaridade em volta da unidade no centro: preto-branco-vermelho.

Se tiver vontade, faça uma brincadeira com as cores das bandeiras e com o seu significado. Talvez não seja um acaso que um país como a Suíça também seja quase o único da Europa a ter uma história pacífica e possuir como bandeira uma mandala perfeita. Nesse tipo de jogo, é importante prestar muita atenção e ver se já não estamos novamente introduzindo "valores pessoais" sobre os países, pois, em relação a isso, também podemos aprender muito com as culturas "menos civilizadas". Assim, os hindus constroem templos, sobretudo para Shiva, o destruidor e desagregador entre os seus três deuses, e o veneram por ser o Senhor deste mundo polar. Também os Navajos oram ao seu deus destruidor, denominado "exterminador dos deuses estranhos", do qual dependem todas as guerras e catástrofes naturais. Consideram-no também o admoestador, que lhes envia catástrofes como sinal para levá-los de volta ao caminho correto. Os cabalistas consideram o diabo um anjo caído (os vocábulos alemães para diabo (Teufel) e anjo (Engel) ainda contêm a sílaba final própria dos nomes dos anjos = el) que despencou de uma hierarquia bastante elevada após ter-se insurgido contra o princípio superior. Ele arrastou consigo, na sua queda, o nosso mundo, que agora tem a tarefa de tornar a subir para a luz.

Nós, ao contrário, procuramos deslocar o diabo para o inferno, esse diabo que deve ter sido alguma vez um Lúcifer, um portador da luz, para nós. O único problema é que esse inferno se encontra no meio de nós mesmos. E Cristo o diz bem claramente ao declarar que o Seu Reino não é deste mundo e que o Senhor deste mundo é justamente o diabo. Nesse sentido, a parábola do filho pródigo pode nos orientar e talvez permita que surja dentro de nós uma luz em relação a Lúcifer, o fazedor de luz.

Uma pergunta: O que seria deste mundo sem o diabo?
Resposta: Ele não existiria.*

O caminho através das cores levou-nos agora até o diabo, o que é lógico, visto que as cores — excetuados o branco e o ouro/amarelo — também fazem parte do mundo do diabo. Tudo o que podemos ver, com os nossos próprios olhos, na mais bela das rosas, é parte do mundo polar e, nesse sentido, diabólico.

Desse ponto de vista, e com tudo o que compreendeu das cores, pinte agora, conscientemente, a rosácea da catedral de León, na Espanha setentrional.

---

* Muito elucidativa em relação a esse tema é a história *Satã*, do opúsculo de Khalil Gibran intitulado *Abgründe des Herzens* [Abismos do coração], Walter-Verlag, Olten, 1980.

A MANDALA DO OLHO

Não há dúvida de que as rosáceas exercem um certo efeito sobre nós; delas emana uma irradiação que, de algum modo, se comunica conosco, comparável talvez ao efeito produzido pela pirâmide. Bem, já fiz várias vezes afirmações tão belas quanto esta: a natureza interior da mandala atua sobre a nossa natureza interior, e as duas se reconhecem devido às suas estruturas análogas. Vamos examinar isso mais de perto. Não há dúvida de que o arranjo da rosácea — partindo da pintura central, passando sobre as cores e formas e incluindo as molduras de chumbo — avança até as estruturas exteriores de pedra, permitindo que a rosácea se torne um todo harmonioso. Essa composição harmoniosa atua, sem dúvida, diretamente sobre nós, ou seja, antes de mais nada, sobre os nossos olhos. Conseqüentemente, deveríamos encontrar nos olhos algum indício a mais. A suspeita de que isso também seja possível aumenta, quando lembramos as palavras de Goethe:
"Se o olho não fosse como o sol, ele não poderia ver o sol."
Observe agora, com calma, o seu próprio olho no espelho. Depois, desenhe-o nas cores que lhe correspondem.

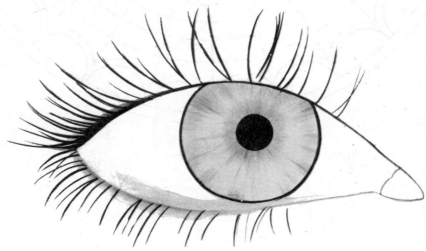

Encontramos no Novo Testamento (Mat. 6,22) as seguintes palavras de Jesus: "A luz do teu corpo é o olho. Se o teu olho estiver são, todo o teu corpo será luminoso."

E essa "luz do corpo" é também uma mandala, como você pode ver no espelho, fato que alguns talvez já saibam através das imagens do diagnóstico pela íris. Essa frase do Evangelho segundo São Mateus bem que poderia ser considerada a base antiga do diagnóstico pela íris, porque o olho e, em especial, a íris são, de fato, um retrato dos nossos órgãos e, em última análise, do homem inteiro. Portanto, se esse nosso espelho fosse totalmente claro, seríamos também totalmente luminosos, como está dito em Mateus. De fato, o diagnóstico pela íris nos ensina que quanto mais harmoniosa for a estrutura da íris, mais sadio será o homem. Todos os desvios nesta estrutura harmoniosa, como criptas e buracos, demonstram um deslocamento na direção da doença (perda da harmonia e da ordem). Bem, jamais encontraremos uma íris de estrutura ideal, porque, neste mundo das polaridades, o homem simplesmente é doente,* falta-lhe algo para ser são. Do mesmo modo, jamais encontraremos uma mandala-horóscopo completamente harmoniosa. É impossível chegar à perfeição dentro da polaridade. Só podemos nos aproximar dela. Para alcançar a perfeição, é necessário abandonar a polaridade. Para expressarem isso e não se arrogarem algo que só cabe a Deus, os índios inserem intencionalmente pequenas "falhas" nas suas mandalas. Entre as tapeceiras turcas, encontrei também esse fenômeno da "falha" intencional, introduzida por elas nos seus modelos seculares, que são, aliás, semelhantes às mandalas! Entre nós, uma falha é quase, por definição, algo involuntário. Vamos, porém, olhar outra vez as letras: uma "falha" é algo que falta e, assim, os índios e os turcos são mais fiéis à significação original; com o seu gesto, mostram que falta algo às suas criações, pois a perfeição eles só vêem em Deus. Imaginemos um computador programado, por humildade, com uma falha intencional! Um mercador de tapetes de Kônia, já adaptado aos costumes ocidentais, confessou-me resignado que seria praticamente impossível fazer aquela gente simples abandonar o costume da falha intencional, porque eles temiam, se não o fizessem, o mau-olhado. Mau-olhado significa para as tapeceiras a ira de Deus, e sua concepção (como também a dos índios) é que Deus ou o Grande Espírito vê tudo o que acontece aqui na Terra, de modo que todos os truques e intrujices não teriam, de antemão, sentido. Deixam, assim, a perfeição para Deus. Tecnicamente, também as janelas góticas não são executadas com absoluto rigor. Sua harmonia baseia-se, sem dúvida, em outras leis reconhecidas instintivamente pelo nosso olho, quer o façamos conscientemente ou não. É que, na mandala do olho, há a possibilidade da mais elevada harmonia —

---

* Comparar Dethlefsen/Dahlke, *Krankheit als Weg* [A doença como caminho], Bertelsmann, Munique, 1983.

algo divino. Nossa audição também pode nos ensinar algo semelhante. Atualmente, com a ajuda de complexos recursos eletrônicos, é possível afinar com exatidão absoluta os instrumentos musicais — só que depois eles não soam agradavelmente. Para transmitir harmonia, o instrumento precisa ser afinado pelo homem, mesmo porque — ou até porque — este é falho. Mas voltemos à visão. De fato, não são só as mulheres turcas que associam Deus ao olhar; entre nós, Deus também é freqüentemente simbolizado pelo olho — quase sempre sob a forma triangular ou redonda. Ainda hoje a singela janela redonda das primeiras igrejas recebe o nome latino de "oculus" ("olho").

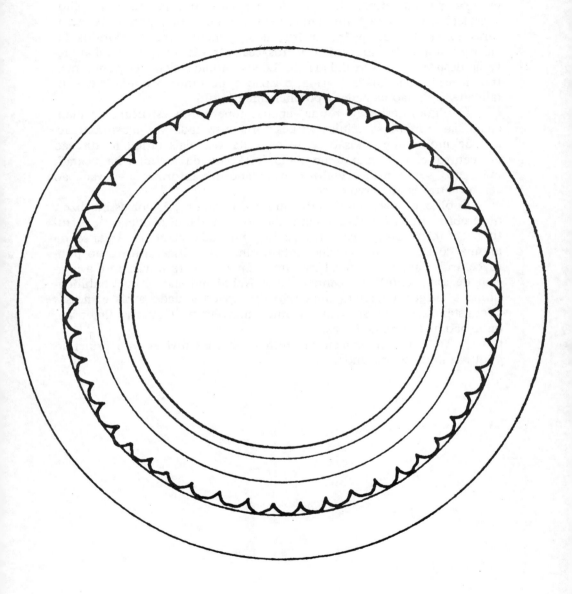

Nosso olho visível é constituído da esclerótica branca, da íris de cor variada, com as suas diversas estruturas, e da pupila negra no meio. Esse negro só se forma oticamente pelo fato de ali não haver nada, só um buraco. Toda a luz é tragada por ele e dirigida para o interior, para a retina. Desse modo, a rosácea é comparável ao olho: a esclerótica, inteiramente impermeável à luz, corresponde às estruturas exteriores de pedra; a íris, aos elementos multicoloridos do vidro; e a pupila, ao centro da rosácea, através do qual o olhar deveria deslizar para a realidade do Logos, situada além. O ponto central de cada mandala é o nada, o vazio e, portanto, a *unidade* e a totalidade — ali não há nada e, potencialmente, tudo.

O olho interior (a retina) apenas repete essa estrutura de mandala. Nas bordas, as células visuais tornam-se cada vez mais compactas, de modo que a visão se torna cada vez mais nítida na direção do centro e, exatamente no meio, está situada a "mancha negra", onde não se vê nada, sendo a totalidade das informações levada ao cérebro através do nervo ótico.

O olho é, aliás, uma parte direta do cérebro; é, por assim dizer, o cérebro situado externamente. Já nos foi dado conhecer a estrutura de mandala do cérebro. Assim, em cada mandala, trata-se da mesma coisa: a parte externa capta o olhar e o dirige, através do ponto central, para outro nível situado além (compare novamente a imagem de uma lente). No centro, é possível abandonar o nível bidimensional e chegar à terceira dimensão do espaço situado atrás e, nessas circunstâncias, é possível até ir ainda mais além, à quarta dimensão, onde não há tempo nem espaço.

Ao pintar a imagem da retina, procure reviver esse princípio que conduz às profundezas.

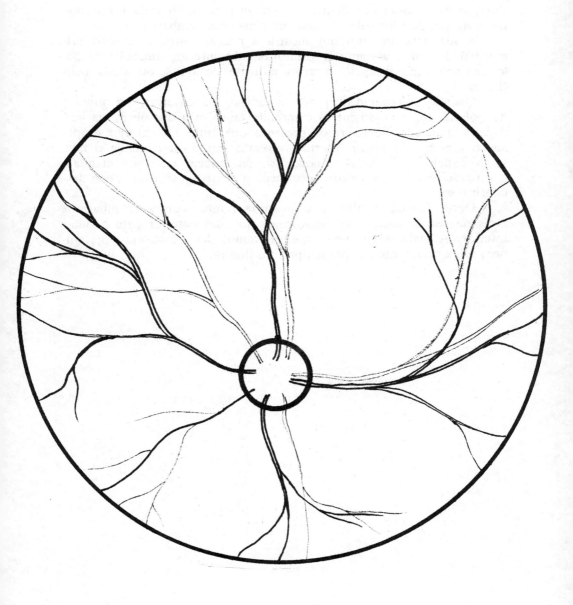

Sem sol não há luz, nem visão, nem reconhecimento, nem conhecimento.

O olho é o mediador entre a luz externa do sol e a luz interna do conhecimento. E essa luz interior corresponde à exterior — assim por fora como por dentro —, exatamente como cada luz terrestre corresponde à luz solar — assim em cima como embaixo.

A mandala do olho nos mostra a relação entre a mandala primordial do sol e a mandala primordial do interior, simbolizada pelo terceiro olho ou pelo coração radiante de Jesus, ou ainda pelo chakra.

Quando aprendemos a ver mandalas no exterior, no mundo da polaridade, o nosso interior aprende também a descobrir sua verdadeira natureza. Se tivermos presente que tudo no exterior é apenas o espelho do nosso interior, veremos então na mandala o nosso verdadeiro ser. Pode-se, portanto, reconhecer em *cada* mandala o verdadeiro *self* — o centro reconhece o centro — só o ser pode descobrir o ser.

Dessa forma, o olho nos mostrará muitas coisas, se olharmos atrás de sua fachada e se avançarmos do olho exterior para o olhar interior. A maioria das vezes nos agarramos demais ao exterior, embora seja exatamente ele que sempre nos iludirá.

O MUNDO DAS FORMAS

Agora que nossos olhos atravessaram o mundo das cores, vamos nos voltar para as formas e estruturas. Assim como as cores derivam de uma única luz branca, todas as formas se desenvolvem a partir de um único ponto que, na verdade, enquanto forma mesmo, ainda não existe. Esse ponto primordial engendra todas as formas e estruturas. Seguindo as estruturas da rosácea, voltamos sempre a esse ponto, de modo semelhante ao que ocorre com as cores, que nos levam sempre novamente ao branco no centro. Assim como por trás das cores, no mundo polar, encontramos determinadas leis, estas estão também por trás das formas — as leis da geometria e, conseqüentemente, dos números. Todas as mandalas, e sobretudo as rosáceas, obedecem a determinadas proporções numéricas, como você, sem dúvida, já notou — por toda parte, encontramos quatro, seis, oito, doze ou vinte e quatro elementos. O número do ponto central, da Unidade, também deve estar claro: é o Um.

O MUNDO DOS NÚMEROS

Se a roda e a rosácea são modelos do universo, devemos encontrar na base delas os mesmos números e as mesmas relações que estão na base da criação. Observemos primeiro os números e a sua significação:

O *1* corresponde à unidade, ao ainda-não-revelado, ao Altíssimo, a Deus.

O *2* é, evidentemente, o número da polaridade, dos opostos e, portanto, deste mundo (e, assim, do diabo).

O *3*, ao contrário, expressa um aspecto harmonioso da criação, um nível divino, mas distinto do *1*, por já ser revelado. Falamos assim da Santíssima Trindade (Pai, Filho e Espírito Santo), dos três reis magos; também os hindus conhecem essa trindade em seus deuses: Brahma, Vishnu e Shiva, análogos às três gunas (energias básicas da criação), correspondentes exatos dos três vetores básicos que, segundo a opinião dos nossos cientistas, estruturam o mundo das energias e dos efeitos. As três cores primárias simbolizam também essa relação, e o branco corresponde logicamente ao *1*. No triângulo vemos geometricamente como o *3* cresce para além do *2*.

O *4* é o número da cruz com as suas quatro extremidades, as quatro direções formadas pelas duas traves da polaridade. A cruz e o quadrado são símbolos da matéria e, portanto, do nosso mundo. É essa cruz que temos de tomar sobre nós. E é também a cruz que Cristo tomou sobre si ao vir da unidade (*1*) para o mundo (*4*), unindo assim os dois, razão pela qual o seu número é o *5*.

No mundo dos números reencontramos simbolismos já conhecidos: a partir de um único ponto central, a cruz se estende nas quatro direções e forma o mundo. Nesse ponto central, desaparecem novamente as quatro direções, e as duas traves da polaridade voltam a ser, no seu ponto de intersecção, a Unidade. Desse modo, o mundo também tem, naturalmente, quatro elementos (fogo, água, ar e terra) — o quinto elemento dos hindus, o "akasha", não faz parte do mundo material. Há assim quatro rios do mundo, quatro raças, quatro estações do ano e quatro eras.

O *5* é o número do homem, como nos mostra também a estrela de cinco pontas da mandala do homem; é também o número de

139

Cristo no seu aspecto humano, com as suas cinco feridas na cruz. Da estrela de cinco pontas, rodeada de pedras, resulta o arco pontiagudo do gótico.

O *6* é novamente o símbolo da polaridade, num nível ainda mais desenvolvido. Basta pensar nos dois triângulos da estrela de Davi, se interpenetrando, e que, sendo um deles vermelho e outro azul, representam a interpenetração do microcosmo com o macrocosmo. Esse nível corresponde às nossas seis cores do arco-íris e ao homem e à mulher enquanto seres de pólos opostos e, portanto, também ao "sexo" enquanto expressão da reprodução do mundo humano.

O *6* representa também o equilíbrio entre as forças como se pode ver na estrela de seis pontas.

No *7* tornamos a encontrar um número comprometido com a harmonia. Ele representa a totalidade num nível já claramente material — assim, Deus criou todas as coisas em sete dias (uma semana inteira). Existem sete planetas clássicos, sete artes, sete virtudes (temas freqüentes das rosáceas) e sete épocas da vida. O *7* era tido pelos antigos como número místico.

Podemos ver que os números ímpares em geral continuam o desenvolvimento direto do *1*, enquanto os pares permanecem mais ligados ao *2* e, por conseguinte, à polaridade. Desse modo, a série dos números traça o caminho de um extremo ao outro, de um pólo ao pólo oposto, de modo semelhante ao que ocorre no zodíaco, onde um signo positivo sempre alterna com um negativo.

Nesse sentido, o *8* prossegue o desenvolvimento do *4*. Sobre o mundo do *4*, com as quatro direções e os quatro rios do Paraíso, sopram os oito ventos do mundo (que ainda hoje servem à meteorologia). O *8* reflete, na sua forma de lemniscata plana, também o infinito e, desse modo, é igualmente o símbolo do renascimento. Não é por acaso que a lemniscata é usada, no mesmo sentido, tanto no esoterismo (por exemplo, sobre a cabeça do mago da 1ª carta do tarô) como na matemática.

O *9* encerra esse primeiro ciclo de números e, dessa forma, é também um número perfeito, pois, com o *10* tem início um novo período. No simbolismo dos números, o *10* corresponde novamente ao *1* e ao ponto inicial. Já pela sua forma o *10* é novamente um *1* com um zero. E, nesse zero, tornamos a encontrar aquele ponto primordial inflado com espaço e que corresponde, portanto, outra vez ao *1*.

O novo início a partir do *10* torna-se também evidente de outro ponto de vista: o esoterismo considera os números em separado segundo o seu valor simbólico e, para isso, soma os números compostos até que passem a ser novamente um único número (a chamada adição teosófica); portanto, $10 = 1 + 0 = 1$; $11 = 1 + 1 = 2$; $12 = 1 + 2 = 3$; $13 = 1 + 3 = 4$. Como você está vendo, o ciclo, de fato, recomeça. Disso resulta, por exemplo, que $18 = 1 + 8 = 9$, e 40 é novamente 4. As 52 semanas do ano se reduzem ao 7, que é o número dos dias da semana. E os 12 apóstolos são, desse modo, a expressão do Deus tri-unitário no nível material. O 12 tem também ainda um significado próprio, ou seja, o da perfeição — basta lembrar as 12 tribos de Israel, os 12 signos zodiacais e os 12 meses do ano.

Se, portanto, uma rosácea é constituída pelo esquema de 6-12 ($\hat{=}$ 3) ou de 24 ($\hat{=}$ 6) ou ainda de 48 ($\hat{=}$ 3), vemos que, por trás, há sempre a mesma idéia. Nas rosáceas e, principalmente, nas mandalas hindus e tibetanas, os sistemas numéricos de 3 e de 4 são freqüentemente ligados às séries correspondentes situadas por trás deles. Vamos nos lembrar: o 4, ou o quadrado, é a expressão do mundo material e o 3 a expressão da Trindade (o triângulo) enquanto emanação do divino (compare, por exemplo, o olho divino como triângulo). Esses dois níveis, unidos num único símbolo, resultam assim no número místico 7.

Poder-se-ia objetar que existem tantas significações semelhantes de números diferentes (por exemplo, dos números 3, 5, 7, 9) e perguntar por que haveria tantos símbolos para expressar sempre a mesma coisa. Nesse caso, é preciso dizer que os diversos sistemas atribuem a cada um deles pesos diferentes, correspondendo assim, em sua multiplicidade, bem mais à complexidade da criação.*

Mas, esse é o momento de compreendermos que um sistema não é melhor do que o outro, e que uma discussão a respeito de sistemas não teria realmente sentido. A mesma verdade pode ser expressa pelo sistema binário do yin-yang ou pelo sistema trinitário das gunas, ou pelas cores primárias ou, ainda, pelo sistema quaternário dos elementos e da teoria dos tipos, pelo sistema quinário da doutrina chinesa dos elementos (que, por seu turno, se apóia no sistema binário do Yin-Yang), ou pelo sistema decimal dos números árabes, ou pelo duodecimal da astrologia e do tempo, ou pelo sistema de 22 da cabala, etc. Todos esses sistemas cumprem sua finalidade, cada qual em seu lugar; eles se completam e jamais se excluem. Um astrólogo que considera o *I Ching* sem sentido não compreendeu nem a natureza dele nem a da astrologia.

Se, por outro lado, parece impossível ou por demais especulativa a exigência de expressar a totalidade com tão poucos símbolos, dever-se-ia pelo menos observar as analogias até a nossa época tão fiel à mística. Hoje, todos os computadores trabalham com base no sistema binário, que corresponde exatamente ao Yin-Yang chinês, expresso no símbolo T'ai Chi. Nossos maiores sistemas de cálculo, que nos parecem quase oniscientes, são também, afinal, capazes apenas de distinguir entre *plus* e *minus*, entre sim e não — e, sem dúvida, com muita rapidez.

---

* Há um paralelo a esse respeito na biologia, onde o código genético que determina toda a multiplicidade da vida orgânica dispõe de muito mais possibilidades de expressão do que é necessário.

Todos os sistemas de televisão em cores trabalham com base num sistema trinitário produzindo, assim, todas as cores do espectro.

A analogia mais impressionante existe, talvez, entre o código genético ADN e o *I Ching*. Assim como o código genético trabalha com quatro signos (os ácidos), combinando-os num sistema trinitário (códon) e tendo, desse modo, sessenta e quatro "letras", o *I Ching* é construído a partir de dois signos, cada um deles coordenado em dois sistemas trinitários, chegando, assim, às sessenta e quatro "letras" (hexagramas). O código genético é absolutamente universal; a albumina de cada ser humano, de cada animal ou planta é criada de acordo com um sistema uniforme de codificação. Desse modo, o ADN constitui a base de toda a vida no nível biológico. Por que então o *I Ching* não poderia representar a totalidade da vida no nível psicológico?[*]

Pinte agora esta rosácea atento também ao simbolismo dos números nela presente.

---

[*] Cf. Martin Schönberger, *Verborgener Schlüssel zum Leben* [A chave oculta da vida], S. Fischer, Frankfurt, 1973.

Com esta rosácea — a rosácea setentrional de Chartres —, você acabou de pintar todas as três rosáceas dessa singular catedral gótica. As duas outras rosáceas estão nas páginas 107 e 123. Observe-as mais uma vez juntas. As três são construídas com base no número 12 e têm, do ponto de vista geométrico, centros bastante parecidos — somente os contornos de cada uma delas ressaltam aspectos diferentes da criação.

Por trás da geometria evidente, há ainda, na maioria das rosáceas, um nível de outra ordem, mais profundo e oculto à primeira vista, e, por trás de tudo, há por fim o nível simbólico. Assim, a geometria, que Pitágoras dizia ser divina devido à atemporalidade da harmonia numérica que nela se oculta, serve aos mesmos objetivos já vistos na luz e na cor. Ela também é a expressão, no mundo finito, da saudade do mundo infinito. Isso fica ainda mais nítido na arte sacra do Islã, pois a completa exclusão de elementos figurativos faz da geometria um meio ainda mais central da busca de Deus.

Para os dervixes — que poderiam ser chamados os místicos do Islã — o círculo é tido como lei (do círculo terrestre); o raio, como caminho, e o centro — o ponto — como verdade.

Há aí total concordância com a versão cristã das rosáceas. Na circunferência, encontramos a vida com as suas leis — por exemplo, a lei da polaridade expressa pelo confronto dos vícios e virtudes, ou pelo zodíaco. Todos os raios (caminhos) que dela partem conduzem também ao centro, e é aí que está o Logos, que também para nós representa a verdade final.

Veja agora uma mandala islâmica.

TERAPIA ATRAVÉS DAS ROSÁCEAS

Cristo diz sobre si mesmo: "Eu sou o caminho, a verdade e a vida." O todo na unidade.

Quer saibamos ou não da ordem regular, o nosso olho absorve a harmonia interior da geometria simbólica e a relaciona com os nossos modelos interiores. Ninguém tem sentimentos e sensações caóticas observando uma rosácea gótica. Elas não instauram o caos dentro de nós, porque sua ressonância não tem essa finalidade. Ao contrário, devido à sua ordem interna e externa, elas nos unem ao cosmos da nossa ordem interna.

Se, ao pintar essas rosáceas, você tiver sentimentos desarmônicos, a causa disso não estará na rosácea, mas na sua incapacidade de reproduzir essa harmonia, ou seja, em algo no seu interior que se opõe a essa harmonia.

A contemplação desses símbolos atemporais é uma psicoterapia na sua verdadeira e mais profunda função: a confrontação do homem com as suas profundezas, pois, por trás de todo o caos, existe o cosmos. Nossa tarefa é também, sem dúvida, confrontar-nos com o caos, e não reprimi-lo; através dele, o caminho deve nos levar à ordem (ao cosmos), sendo por isso importante não perder de vista o nosso objetivo. O que afinal não é muito fácil, devido ao equilíbrio interno do universo. Assim, vimos, por exemplo, que as rosáceas que nos indicam esse caminho surgiram num período de profunda escuridão, onde o caminho parecia quase perdido. Talvez estejamos vivendo hoje um período semelhante, visto que as centelhas internas correm o risco de serem apagadas pelo materialismo exterior. Seja como for, carregamos dentro de nós todo o desenvolvimento da humanidade e, desse modo, em cada um de nós ainda vive a inquisição, com a sua culpa projetada para o exterior (só que hoje os hereges e bruxas recebem outros nomes). Em todos nós, porém, continua presente a experiência da unidade, do estado paradisíaco. O todo na unidade. Essa lembrança é evocada pelas mandalas, que simbolizam, por sua vez, o Todo na Unidade e a Unidade no Todo. Ocupar-se com elas e vivenciá-las pode nos dar força para enfrentar o pólo oposto, o caos, até finalmente aceitá-lo — provavelmente de modo semelhante aos homens que, há oitocentos anos, criaram as catedrais e as rosáceas, e de cuja ocupação tiraram a energia para encontrar seu caminho em meio à confusão reinante da época. Há pouco, superamos algo semelhante a essa antiga experiência. No período caótico de domínio do nazismo, com seu moderno sistema de inquisição, denúncias e perseguições, desenvolveu-se, na Igreja cristã — onde ela ainda continuava viva —, uma força e uma energia totalmente novas que, superada a ameaça, entraram novamente em visível decadência.

Tal como todos os opostos, o cosmos e o caos também estão situados muito próximos um do outro, e podemos crescer com ambos.

E crescemos, sobretudo quando somos surpreendidos, atingidos ou quando algo nos toca. O que se disse sobre os construtores das catedrais e das rosáceas vale quase igualmente para nós também. Quando somos atingidos, algo pode ocorrer acionando alguma coisa dentro de nós. Isso pode acontecer também durante a leitura, mas com muito maior probabilidade na meditação ou ao pintar... O que ocorre nem sempre precisa ser belo ou agradável, embora muitas vezes o seja. Mas pode acontecer também que, enquanto pintamos, surjam a má vontade, a raiva e a impaciência. Como se explica isso? Já constatamos que a mandala contém tudo e, por isso, também pode, em princípio, extrair tudo o que temos no íntimo. As vezes não se consegue logo unir e harmonizar outra vez os opostos no centro. Poderemos constatar isso especialmente nas "brincadeiras com as mandalas". O que fazer?

Nada; como sempre, *simplesmente olhar* o que está acontecendo. Algum dia você compreenderá e notará que a mandala realmente não pode ser culpada, que ela é em si, de fato, perfeita, e aí então você voltará a pintar. No exterior, nada tem culpa; a única culpa cabe a nós mesmos!

Cuidado! Essa frase pode ser realmente perigosa se você a introjetar — ela é perigosa para todos os seus pontos de vista, preconceitos e posições.

Você deve agora construir a sua própria mandala no espaço em branco da página 149. Poderá, naturalmente, deixar-se inspirar por tudo o que já ouviu sobre formas, cores e geometria. Não pode haver cópia ou imitação; ou inversamente: faça o que fizer, será sempre uma imitação ou uma cópia da criação. Portanto, tome coragem!

Há, no sentido mais pleno da palavra, um número infinito de mandalas, com muitas variantes. O perigo deste livro é você se deixar limitar pelos modelos. Estes deveriam, ao contrário, estimulá-lo e inspirá-lo para que você ache *as suas próprias* mandalas interiores e exteriores... Achar, no sentido de tornar-se aberto e atento às mandalas que nos cercam exteriormente, despertando também para as mandalas que vivem no nosso íntimo. Não deve ter sido intencional que alguns de nossos modelos não sejam perfeitos, mas é bom assim porque, com essas limitações, há também a chance de crescer para além dos limites e fronteiras.

Você precisa agora de um compasso simples, de uma régua e de um lápis; em seguida, comece. E comece lá onde é o início de tudo: no centro!

(Cuide para que sua mandala permaneça simétrica: você conseguirá isso mais facilmente se deixar a mandala crescer de dentro para fora de modo uniforme, de camada em camada, em círculos concêntricos. Quando a construção estiver pronta, arremate-a colorindo-a.)

A SUA MANDALA

A MEDITAÇÃO

Observe agora a sua obra e deixe-a retroagir sobre você, devolvendo-a, por assim dizer, à sua própria consciência, da qual ela acaba de nascer; olhe-a sem julgar, sem prestar atenção nos detalhes, mas vivenciando somente o todo, a totalidade, o indiviso. Deixe agora este modelo ordenado — que, em todos os seus aspectos, é uma projeção do seu interior, uma criação — retornar a você, traga-o de volta, por assim dizer, tal como Brahma reabsorve a sua criação naquele ciclo bem mais longo; desse modo, você fechará também novamente o círculo.

Num processo como este, pode suceder que as estruturas simbólicas da mandala que o retratam sejam vivenciadas por você até mesmo no interior de seu próprio corpo, sentindo cada uma das suas partes nos seus órgãos correspondentes. A ressonância é um fenômeno de vibração, e a mandala é, por assim dizer, o nosso próprio círculo vibratório* que, por retroação, pode nos fazer vibrar novamente. Deixe-se levar pela vibração!

Na página seguinte, você encontrará uma mandala bem simples: um círculo que poderá preencher com tudo o que existe de caótico dentro de você. Pinte tudo aquilo de que já está completamente saturado: esse eterno falatório sobre harmonia, unidade, etc., enfim, o seu lado sombrio que, quer você admita ou não, existe; deixe-o ingressar também neste seu livro.

Se não quiser fazer isso, o mundo continuará igualmente em ordem. Este seu lado irá procurar depois por si mesmo — em pequenas falhas e em grandes acessos de raiva — um lugar no seu livro de mandala, na *sua* mandala e em toda parte de onde estiver ausente.

---

* Veja o cassete de meditação: R. Dahlke, *Schwingkreis — Klangkörper* [Círculo vibratório — Corpo de ressonância], Edition Neptun, Munique, 1985.

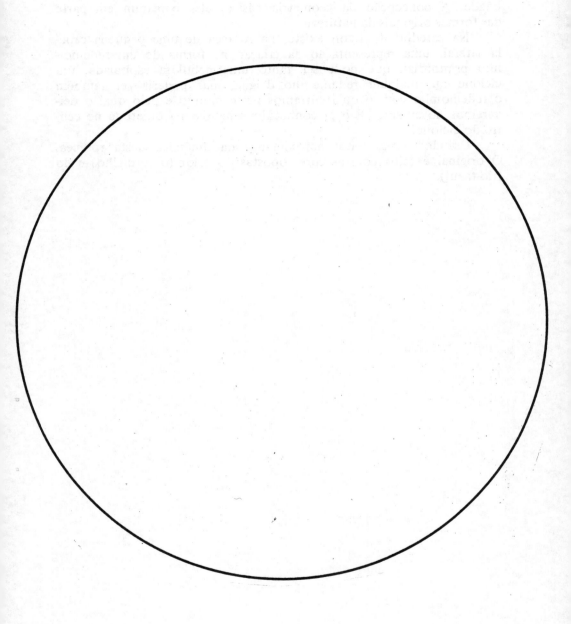

Todo esse conhecimento sobre luz e sombra, cores, formas e ordens numéricas estava à disposição dos construtores do gótico, e eles o aplicavam nas rosáceas para expressar a Unidade e a Totalidade. A concepção da geometria básica, eles copiaram em parte das formas originais da natureza.

Na catedral de Lyon existe, na rosácea de uma pequena capela lateral, uma representação da criação na forma de um redemoinho primordial, que pode ser tanto uma nebulosa espiralada, um ciclone ou qualquer redemoinho d'água; mas poderia ser também o redemoinho com o qual entramos neste mundo e pelo qual o deixaremos novamente. É o já conhecido princípio da quietude no centro do ciclone.

Usando cores, tente aproximar-se da dinâmica desta rosácea. O original é feito com as cores opostas do calor (o vermelho) e do frio (azul).

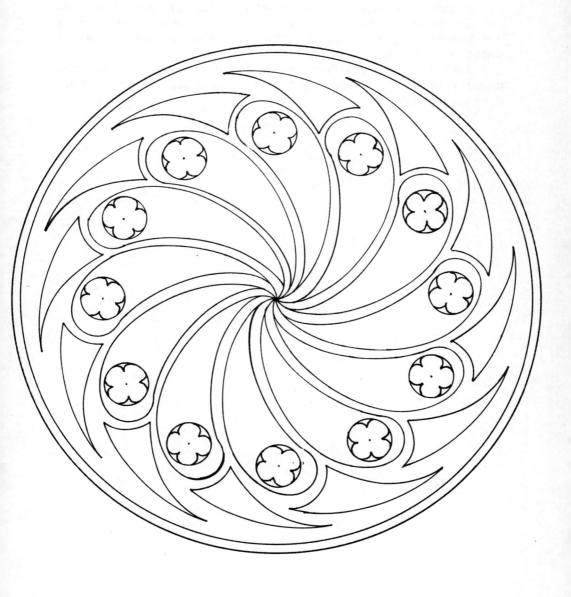

A rosácea setentrional de Sées nos faz compreender o segredo dos flocos de neve, essas inumeráveis mandalas do inverno. A rosácea reproduz com perfeição o princípio neles oculto. Todos os flocos de neve são estrelas de seis pontas rigidamente simétricas e todas elas diferentes entre si. A estrela de seis pontas simboliza a união e a interpenetração do superior com o inferior, ou seja, do mundo divino com o terreno.

Esse fenômeno dos flocos de neve já deveria por si só ser suficiente para se compreender que existem ilimitadas facetas da Unidade (da mandala).

O desenvolvimento das janelas das igrejas através do tempo leva-nos finalmente às rosáceas flamejantes da última fase do gótico, nas quais a combinação da estrutura, das cores e da luz dá a impressão de chamas e, de fato, representa freqüentemente as línguas de fogo do Espírito Santo.

Transforme uma dessas rosáceas flamejantes numa verdadeira bola de fogo usando as cores correspondentes. A estrutura básica corresponde à rosácea de Amiens, que, no seu contorno, contém também o simbolismo da roda da fortuna.

A ROSA

Bem, vamos examinar o símbolo da rosa, flor que deu o seu nome às janelas das catedrais. A tradição ocidental atribuiu à rosa um significado todo especial, comparável ao da flor de loto no Oriente. O loto de mil pétalas, que floresce na cabeça do iluminado, equivale ao nimbo, à auréola das imagens cristãs. O que nos diz o símbolo da rosa? Se o observamos na arte religiosa daquele tempo, é evidente a sua relação com a Virgem Maria, freqüentemente representada junto a rosas ou até mesmo num jardim de rosas, a quem também é dedicado o rosário — nome que no latim medieval significa "guirlanda de rosas". É bem provável que o rosário tenha vindo do Oriente; ele corresponde ao "mala" hindu. Da Índia, teria sido levado aos árabes, de onde foi trazido até nós pelos cruzados. A oração do rosário assemelha-se, pela sua monotonia, à oração do coração da Igreja Ortodoxa e à idéia dos "moinhos de oração" tibetanos, chegando até mesmo a ter certa semelhança com o koan zen. Todas essas formas visam desligar o intelecto através do cansaço, em proveito do contato profundo com Deus. Dessa forma, o rosário da Virgem Maria tem algo de uma guirlanda que liga várias culturas. Não só os cristãos mas também os sufis islâmicos consideram Maria como símbolo do amor abnegado e devoto cujo símbolo sempre foi a rosa, na qualidade de flor de Ísis, posteriormente de Afrodite, mais tarde de Vênus e, finalmente, de Maria. Portanto, as rosáceas também são janelas do amor e, não raras vezes, o amor na pessoa de Maria está no centro e torna-se, assim, o símbolo da Unidade. A esse respeito, vale a pena mencionar que Dante, na *Divina Comédia*, deu ao paraíso a forma de uma rosa. E o paraíso é o lugar da unidade, da união com Deus.

Enquanto símbolo do amor, a rosa também simboliza a receptividade, pois amar é ser receptivo. Por isso, a rosa passou a ser também o símbolo do sofrimento. O misticismo do século XIII considerava o amor um sinônimo da união com Deus (compare com a poesia trovadoresca daquela época e com os poemas de amor dos sufis, como, por exemplo, os de Rumi).

Os alquimistas viam a rosa como a "flor da sabedoria", e falavam de um *rosarium philosophorum*, um roseiral filosófico. A rosácea setentrional da Notre-Dame de Paris é chamada, como já dissemos, a "rosa dos alquimistas".

Se permitirmos que as rosáceas atuem como um todo sobre nós, encontraremos mais uma analogia com o rosário: a monotonia das suas formas e dos seus ornamentos cansa o intelecto sendo, por isso, apropriada para libertar por instantes o espírito das barreiras do espaço e do tempo.

Além disso, as maiores e mais belas catedrais — chamadas igrejas de "Notre-Dame" — são dedicadas à Virgem Maria. Em seu livro *O Mistério da Catedral de Chartres*, Charpentier escreve que as igrejas de Notre-Dame da Isle de France estão situadas em locais que, vistos de grande altura, assemelham-se à constelação da Virgem — mais um mistério do gótico.

Na época de auge do gótico, houve possivelmente uma tentativa de abertura política e de reconciliação entre o Oriente e o Ocidente sob o símbolo de Maria. A Ordem dos Templários, à qual devemos o rosário e que estava então sob o signo de Maria, havia se tornado, ao lado do papado e da realeza, a organização mais rica e influente da época. Embora combatessem o Islã, os Templários começaram visivelmente a abrir-se para a sabedoria do Oriente e a entender-se com os seus sábios. Daí, ou mesmo antes disso, um núcleo interno dessa Ordem acabou evoluindo para um cristianismo esotérico. Há muita coisa a favor dessa suposição; entre outras, o fim jamais esclarecido dessa Ordem e os enigmáticos acontecimentos verificados por ocasião da sua dissolução, inclusive a tentativa do papado de eliminar todos os seus vestígios. É possível que eles tenham tido também uma relação com os cátaros, os "hereges" de orientação maniqueísta que, pelo seu ideal de amor puro e espiritual, deixaram-se queimar aos milhares pela Inquisição. Os Templários haviam se negado abertamente a participar da cruzada contra os cátaros. Aliás, a Rosa-cruz, que sempre esteve ligada ao esoterismo, é um símbolo maniqueísta que une o signo do mundo polar e o do amor transcendental numa só mandala (4+1).

Pinte essa Rosa-cruz tendo em vista a harmonia e o amor entre as forças polares.

A VIAGEM ATRAVÉS DO LABIRINTO

Tudo o que descobrimos através das rosáceas poderíamos ter descoberto de modo semelhante em outras formas de manifestação da mandala. Uma dessas formas é o labirinto, que também tem estreita relação com o gótico e suas catedrais. Nós o encontramos ainda hoje, embora freqüentemente oculto, em Amiens, em Bayeux, em Poitiers e em Saint-Quentin. Em outras catedrais, em épocas posteriores, os labirintos foram destruídos, como em Reims, em Sens, em Arras e em Auxerre. A viagem através do mundo das rosáceas corresponde a uma viagem através do mundo dos labirintos: chegaremos ao mesmo fim. Historicamente, os labirintos são quase tão difíceis de classificar como as mandalas. Já foram encontrados nas épocas megalíticas, como, por exemplo, numa pedra nas proximidades de Pontevedra (Espanha). Eles aparecem, paralelamente, em muitos países. Há versões celtas, minóicas, etruscas e babilônicas. Encontramo-los na Roma clássica, na Grécia, na ilha Gotland em forma de espiral, na Nova Zelândia, na Alemanha setentrional, na Inglaterra e até mesmo no Vietnã. Na Idade Média, o labirinto era freqüente nas catedrais da França e da Itália e diz-se que, não faz ainda muito tempo, o bispo de Chartres ali encenava espetáculos de dança. Na catedral de Chartres, provavelmente a mais misteriosa e importante de todas, encontra-se um dos labirintos mais conhecidos.* Nele, os dois símbolos do caminho que a alma deve percorrer durante a vida estão unidos num só. A rosácea da porta ocidental representando o Juízo Final, com a separação das almas para o Céu e o Inferno, corresponde, pelo espaço e pelo tamanho, exatamente ao labirinto que existe no chão da catedral. Esse labirinto tem também a forma de uma mandala e, como todo labirinto, simboliza a busca do homem que, pelos caminhos mais diversos, o conduzem ora para mais perto, ora para mais longe, até finalmente ele chegar ao centro. Antigamente, os fiéis reproduziam simbolicamente esse caminho na forma de penitência ou peregrinação, fazendo por exemplo

---

* Cf. também com o livro de L. Charpentier, *Das Geheimnis der Kathedrale von Chartres* [O segredo da catedral de Chartres], Gaia, Colônia, 1972.

de joelhos todo o percurso do labirinto até o centro. Nele os esperava — em Chartres — uma rosa branca de seis pétalas, em mármore, que corresponde exatamente ao centro da rosácea da porta ocidental, se imaginarmos a parede no lugar do chão. Essas duas mandalas do mesmo tamanho evidentemente se relacionam mutuamente, e se as projetarmos mentalmente uma sobre a outra, chegaremos a uma dupla conclusão: há *um só* caminho e este conduz, pelos mais diversos desvios a um único centro. São indicados, ainda, os perigos desse caminho: assim como podemos errar o caminho dentro do labirinto e cair em desespero (ou seja, atolar no dualismo), poderíamos também tropeçar, em nossa caminhada pelo contorno da rosácea, entre o céu e o inferno, ou entre o bem e o mal. Tendo atravessado todos esses perigos, espera-nos, no primeiro caso, o Logos e, no outro, a rosa como símbolo da perfeição e do amor.

No exercício seguinte, vamos juntar os dois caminhos: o do labirinto de Chartres e o da luz. Na maioria das rosáceas, você encontra o retorno da luz que, saindo da ausência total de cor (o preto), passando por uma situação de ausência parcial de cor, chega à plenitude total (o branco). O objetivo do exercício é seguir o caminho do labirinto com as cores, partindo do preto no espaço exterior até alcançar, finalmente, o branco no centro da rosa. Você encontrará essa idéia na capa do livro, pela qual poderá se orientar sempre que necessário.

MEDITAÇÃO SOBRE OS PONTOS

Observe agora a sua obra pronta e transforme-se mentalmente num ponto negro cada vez menor, até que finalmente você possa passar pelos estreitos corredores desse labirinto que acabou de pintar. Agora você é esse ponto vagando, mais ou menos sem destino, pelo quadrado negro do espaço exterior, procurando, sem saber o quê, até se deparar com algo mais claro — o azul-marinho. Aí o ponto descobre o que está procurando: a luz. E ele tenta ir adiante. Na verdade, ele sempre torna a encontrar pequenas entradas, mas todas elas levam à mesma barreira escura que o separa da luz. Dessa forma, ele tenta muitas vezes ir em frente, mas em vão, e passa muito tempo andando em círculos. Ele luta, se enfurece, reflete, muda várias vezes de rumo, mas de nada adianta.

Finalmente, ao desistir de lutar, ao aceitar a barreira e segui-la sem nenhum objetivo, de repente ele tropeça numa entrada — e de imediato ganha nova esperança e vai de encontro ao alvo, percebendo que ele próprio já está adquirindo luz, tornando-se cada vez mais claro, bem mais claro do que os outros pontos, todos azul-marinho — então ele se desvia outra vez do caminho reto —, da estagnação. Na verdade, ele não chega a se distanciar muito nem a avançar um pouco mais. E então ele "entra na curva", arranca em linha reta e. . . Não dá mais. . . De novo a estagnação. Mas, aí, chega a sua hora e ele — o pequeno ponto — caminha diretamente para o alvo, para o centro — e não consegue alcançá-lo; há ainda uma fina parede entre ele e a luz, e ele tenta atingi-la por todos os meios, e continua correndo; mas esse caminho pretende afastá-lo de novo e levá-lo para a escuridão; nessa, porém, ele não entra, não ele, o mais radiante de todos os pontos azuis! Ele não irá mais para o escuro. . . Deve ser o caminho errado! Ele inventa, então, um sistema e muitos argumentos racionais, e todos lhe asseguram que estão certos, que o caminho e até mesmo tudo deve ser urgentemente corrigido, melhorado e reformado a partir da base. No entanto, por mais que crie e se esforce, o mundo não melhora. Inicialmente, as perspectivas ainda pareciam muito otimistas, mas, com o tempo, viu que se tratava de um verdadeiro trabalho de Sísifo e suas dúvidas foram aumentando e o levaram a um terrível desespero. Ocorre então uma monstruosa invasão do seu mundo. Surge um outro ponto, e é claro que ele o ignora, pois não é tão azul quanto ele; é, antes, de um azul um tanto sujo. E esse ponto errante de fato entra correndo naquela curva — bem feito! — de novo no escuro! E logo volta a passar outra vez por ele. O ponto o segue furtivamente — do lado da luz, é claro. Ele vai se perder de vez — é óbvio! O espantoso é que, apesar de ter cometido erros evidentes e ter caminhado diretamente para a escuridão, ele não ficou mais escuro; poder-se-ia dizer até que ficou um pouquinho mais claro — talvez um tanto cor de violeta. Bem, naturalmente, ele seria o último a achar o violeta uma cor bonita e, depois de rebuscar por algum tempo, descobre motivos inequivocamente contrários ao violeta e que praticamente o negam como cor.

Depois, esse outro ponto doido simplesmente desaparece na próxima curva em direção das trevas, e o mundo volta a ficar em ordem. Quando surgem outros pontos que sofrem o mesmo destino, ele já está preparado e os previne acerca do perigo violeta, conseguindo assim que alguns evitem o caminho errado, tornando-se mais tarde seus discípulos agradecidos. Dessa forma, ele acaba quase se transformando num profeta do horrível violeta e envelhece cercado de honrarias. A única coisa que perturba um pouco o seu sistema é que nada mais se ouve falar dos pontos violetas. Um deles, que há muito se tornara outra vez cor de laranja, sendo seguido então por alguns de seus discípulos, foi logo desmascarado por ele como um grosseiro sedutor, invejoso da sua fama. Na verdade, o laranja de vez em quando lhe dá o que pensar e, às vezes, também duvida de seu próprio sistema. Então, vem-lhe a vaga sensação de que também outrora ele havia procurado algo como a luz, e de que talvez a mesma coisa estivesse acontecendo com esse laranja. Mas — para quê? — ele está velho e é de um azul forte. Os fatos falam por si: seu sistema da pontologia azul havia sido confirmado e ampliado pelos pontos azuis e, sobretudo, por alguns pesquisadores entre eles, tornando-se o axioma azul do planeta azul e da parábola da repulsão violeta.

Então, de repente, aconteceu algo que não podia acontecer. No local em que, conforme explicam inúmeros trabalhos de pesquisa, um ponto jamais poderia chegar — aquele branco radioso por trás da barreira — aparece... um ponto! Não é possível determinar a cor desse ponto; mal se pode percebê-lo, de tão radiante que é o outro lado; a voz que ultrapassa a barreira, no entanto, atinge o velho ponto. Ele não é capaz de dizer onde e como... e, quieto e silencioso, põe-se a caminho, entra na curva — que até então representava o fim do mundo — em direção ao escuro. Muitos outros o acompanham nesse caminho, mas ninguém diz nada; alguns se tornam até um pouco cor de violeta. Ele passa por outra curva rumo à escuridão — ele e a maioria dos pontos continuam; só uns poucos ficam para trás, com medo de uma escuridão maior. O velho ponto continua andando, novamente em círculo, e encontra mais uma curva, distancia-se ainda mais da luz; alguns acabam ficando para trás e ele prossegue, outra vez em círculo, numa direção diferente; e mais uma curva o leva para a escuridão. Agora já são muitos os que ficaram para trás, mas o velho ponto ainda ouve a voz que vem do branco, e continua andando em outra direção e outra vez em círculo, afastando-se ainda mais do que antes, e retornando por fim em direção à luz. Os pontos jovens, seus antigos discípulos, o ultrapassam e correm para a frente — para a luz — e a curva seguinte também leva para a luz, assim como a seguinte e a próxima. Ele começa a tornar-se singularmente avermelhado, uma cor inteiramente nova da qual jamais se ouvira falar nos livros de história dos pontos — só em histórias totalmente inverossímeis e nas fantasias dos contadores de contos de fadas se ouvira algo semelhante. E agora ele próprio tinha virado uma delas. Mas, o que mais poderia assustá-lo, depois de toda a desilusão da sua longa vida? Afinal, ele está de novo diante da luz, só que desta vez vendo-a pelo outro lado! Ele mesmo agora está bastante vermelho, e alguns dos seus antigos discípulos já pesquisaram tudo e sondaram os limites do novo mundo: agora, realmente, não há mais nada adiante; a continuação do caminho leva diretamente de volta à escuridão.

A velha verdade foi confirmada: quando o branco era inatingível, a solução óbvia estava no vermelho; o azul tinha sido um erro histórico e um retrocesso. Regularmente, seriam mandados mensageiros para libertar todos os pontos dos níveis azuis e violeta. Se isso não adiantasse, recorreriam então à força, em nome da pontologia vermelha. O velho vermelho se regozija com a luz e não diz nada, não refuta, e quando, apesar de tudo e sem chamar a atenção, continua a fazer a curva rumo a uma nova escuridão, não convence ninguém a acompanhá-lo, pois ele sabe que desconhece o que está à sua frente; e quando, mesmo assim, outro ponto o segue espontaneamente, ele se alegra e lhe conta seus pressentimentos, e também aquela história do ponto laranja, que há muito tempo atrás tinha propagado idéias estranhas. Lembra-se também de uma lenda sobre pontos amarelos que teriam existido em épocas inimaginavelmente antigas. E o caminho é infinitamente longo e tortuoso, levando sempre às trevas; os dois se tornam cada vez mais vermelhos e, mesmo quando passam a ficar alaranjados, isso não lhes causa mais espanto. Eles agora estão diante da mais absoluta escuridão. Isso é duro; há muitas situações em que você precisa da ajuda do outro. O que mais lhes serve de apoio é a sua nova esperança. Eles, porém, não falam dela, pois quem, depois de tudo o que aconteceu, ainda pode estar seguro?... É a certeza de que o caminho reto é sinuoso e que a própria cor vai se tornando mais clara à medida que se avança. Muitas coisas confirmam esse pressentimento, mas eles se tornaram cautelosos e aprenderam com suas experiências de vida e com as velhas lendas e contos de fadas, que agora levam muito a sério. Nas longas caminhadas em círculos, eles adquirem ainda a certeza de que até necessitam da escuridão para se tornarem cada vez mais claros; bem, o mundo chega a lhes parecer paradoxal: quanto mais escuridão eles permitem que entre tanto mais claros eles se tornam. Então a certeza cresce e a luta contra a escuridão se converte numa travessia humilde e grata. Quem teria, alguma vez, imaginado isto: que eles se sentissem gratos à escuridão? Eles não conseguem mais compreender o que está acontecendo e não pensam mais no caso. Os dois já refletiram tanto!... Ambos acreditam agora que ainda se tornarão amarelos e, quando isso ocorrer, será simples e correto. E, finalmente, esse amarelo também se torna mais luminoso e o caminho abandona a escuridão e se dirige para a luz — e, se houver mais um desvio, também isso está correto. Eles continuam andando por andar e, na verdade, há muito se acabaram todos os motivos para a caminhada, e então, eles vêem acabado: o alvo deslumbrantemente luminoso — um deles se aproxima, entra e se torna luz branca; o outro dá a volta e retorna aos pontos coloridos, e está tudo bem.

No labirinto
Dos signos claros
Perdendo
Para achar
Tudo
Para tudo
Perder
Nada

Havia originalmente, no centro da rosa do labirinto de Chartres, uma cabeça de touro. Trata-se de uma clara alusão ao labirinto minóico. Por trás do seu simbolismo, à primeira vista, há, contudo, a mesma idéia, só que nele o caminho é inverso. Aqui, o monstro — o Minotauro — espreita no centro, e a libertação está no mundo exterior. Nesse caso, o herói tem de entrar no labirinto (a vida), vencer ali o monstro (o diabo, os opostos) e, por meio do famoso fio de Ariadne, conseguir libertar-se.

Com a cabeça de touro ou sem ela, o simbolismo mantém-se inequívoco. Por toda parte, nos deparamos com signos diferentes por trás dos quais se oculta, afinal, a mesma coisa. Na literatura há exemplos semelhantes: basta nos lembrarmos da *Odisséia* de Homero, onde o herói precisa lutar e passar por um verdadeiro labirinto de dificuldades para regressar à sua pátria. Na *Divina Comédia* de Dante, e em todos os poemas épicos análogos, se dá o mesmo.

Nesse quadro, interessa-nos ainda, em virtude do nítido paralelismo que apresenta, a lenda do Graal, que se desenrola na proximidade não apenas temporal mas também geográfica das catedrais góticas e ilustra o mesmo conteúdo com símbolos semelhantes, só que de forma diferente. A história do Graal trata da procura de uma espécie de recipiente que é descrito, na sua forma simbólica, às vezes como uma grande pedra preciosa, outras vezes feito de ouro puro ornado de pedras preciosas ou, ainda, cheio de raios de luz celeste. Aqui também o verdadeiro Graal está oculto no indivíduo que busca e Parsifal — "o que atravessa o vale" — após uma longa procura no exterior, finalmente encontra a solução no seu próprio interior. É possível que tanto a lenda do Graal como a construção das catedrais remontem ao tempo dos Templários. Em todo caso, é certo que ambos têm a sua fonte comum no íntimo de todos os homens. A semelhança do simbolismo é inegável. Tanto as rosáceas como o Graal têm sua força relacionada com fenômenos de luz que se irradiam deles; ambos dirigem, afinal, a busca do exterior para o interior, para o centro. Os doze ou vinte e quatro cavaleiros da Távola Redonda de Artur sentam-se ao redor de uma mesa circular cujo centro é representado por uma rosa (pelo menos na de Winchester, que você encontrará na página seguinte). Primeiramente, eles são enviados a buscar no exterior, embora a solução esteja bem no meio deles, na távola redonda.

Finalmente, depois de longa odisséia através de um labirinto de dificuldades, um cavaleiro — o próprio Parsifal que penetrou bem fundo no caminho — formula a pergunta certa sobre a sombra: "Que te falta, tio?" E a resposta típica que encontra no final da busca do Graal — "o rei e o país são um só" — leva-o de volta à unidade. O fora e o dentro são uma única coisa, o rei e o país são um só, mas isso só se pode perceber no centro, interiormente. Com as rosáceas ocorre algo semelhante: no espaço exterior, em seu contorno, a luz é multicolorida porque lhe faltam ainda as partes para completar a

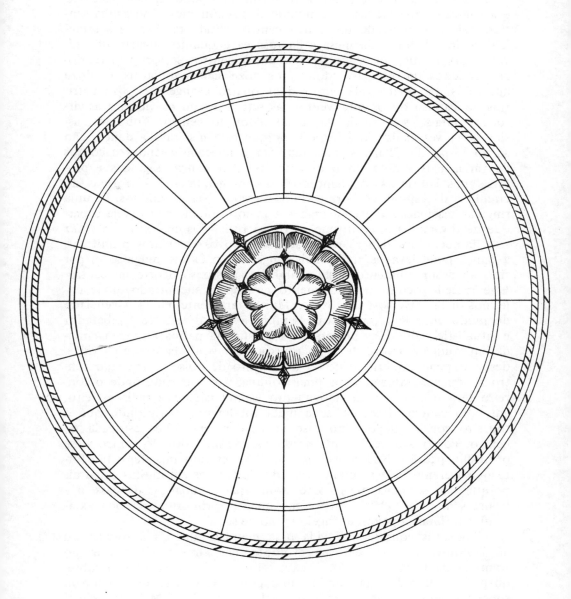

totalidade, e só em direção ao centro torna-se "mais clara". Esse fato era ainda mais nítido nas antigas janelas redondas: no centro, penetra a luz pura, branca e, portanto, perfeita. Nas bordas, porém, a luz e as estruturas de pedra se mesclam. Isso pode ser belo mas não é a solução. O contorno – o mundo dos fenômenos – só ganha sentido pela existência de um único centro. Nítida também é a semelhança dos símbolos da mesa e da rosácea enquanto imagem do universo, ainda que, ao redor de um único centro, se agrupem os doze cavaleiros da Távola Redonda, os doze signos zodiacais, os doze apóstolos, os quatro elementos e os quatro evangelistas, os quatro rios do Paraíso ou os oito ventos, as sete artes ou os vícios e as virtudes; trata-se sempre da dança ao redor do centro. Voltamos, assim, uma vez mais, ao labirinto, porque este inspirava a dança, não só ao bispo de Chartres, mas também conhecemos lendas e contos de várias partes do mundo que nos relatam danças sagradas e profanas nos labirintos. As danças obedecem geralmente às formas do círculo e da espiral, conforme vimos na valsa. Nesses volteios, há uma singular fascinação e ela dá prazer à maioria dos homens (veja o parque de diversões) e, conforme se vê no ritual dos dervixes – o *dhikr* – e também nas danças rodopiadas dos povos chamados primitivos, a dança pode levá-los ainda mais longe, até o êxtase religioso e, por fim, ao desprendimento deste mundo. Mas isso só ocorre no centro. Esse segredo oculto no movimento circular é encontrado ainda hoje nos mais diversos contextos. Muito raramente ele é vivenciado de modo consciente, mas atua sempre e possui algo de arrebatador e ritualístico: desde as piruetas dos artistas da patinação até a ciranda em volta da árvore de maio (outrora em volta da árvore da vida), desde o pequeno brinquedo – o labirinto de bolso – em cujo centro as crianças atormentam uma bolinha, até a corrida onde o toureiro leva o touro a um movimento espiral cada vez mais estreito, em cujo centro afinal ele se aquieta totalmente, permitindo que o toureiro consiga depois (no caso ideal) dar *uma* única estocada no centro. Por trás de cada uma dessas danças ao redor do centro vê-se o mesmo padrão. Nos labirintos, ele deve ter tido um efeito tão forte que Kerényi* alega terem eles sido destruídos em muitas catedrais porque não se sabia mais como evitar que as crianças dançassem e brincassem neles. O labirinto como imagem primordial da vida exerce uma influência pelo seu singelo modo de ser.

Podemos considerar a vida uma mandala análoga à rosácea ou ao labirinto, porque, em sua evolução, ela corresponde à vibração primária de toda a criação, à expansão inicial e à contração subseqüente, à ida e à volta, tendo como ponto de conversão o meio insuperavelmente presente em cada ciclo respiratório. Mais tarde, encontramos a mesma coisa, só que psicologicamente bem mais evidente, no poema épico do Graal, de Wolfram von Eschenbach, onde

---

* Kerényi, *Labyrinth-Studien* [Estudo de Labirintos], Zurique, 1950.

Parsifal, depois de sua primeira e desastrada visita ao castelo do Graal atinge o ponto de conversão a partir do qual precisa reviver tudo de novo — agora de modo mais consciente. Nas rosáceas, encontramos um nítido paralelo dessa descrição do caminho contida no Graal. Em cada rosácea surge o verdadeiro, o essencial, em outra dimensão, isto é, no ponto primordial não perceptível pelos sentidos comuns, do qual tudo nasce e, portanto, também a criação da rosácea, que se torna cada vez mais material, até finalmente se solidificar na escuridão da parede de pedra; dali o olhar retorna e se dirige outra vez ao centro.

A vida de Parsifal, sua partida impetuosa e o seu retorno final purificado, só pode ser compreendida simbolicamente. No primeiro apogeu da lenda do Graal, Parsifal chega à encruzilhada, ao ponto crítico de sua vida, de onde precisa regressar, voltando-se para dentro de si mesmo; ele precisa reviver sua vida conscientemente para de novo "tornar-se como as crianças".

Só no fim desse retorno ele poderá reconhecer o segredo do Graal, somente este poderá curar o rei enfermo Anfortas e o seu reino doente (a criação): "O rei e o seu reino são um só." Em outras palavras: o reino (a criação) é o espelho de um rei e corresponde em tudo a ele. O microcosmo é o macrocosmo, a nossa equação inicial, aparentemente tão simples.

Como é claramente enfatizado, Parsifal começa sua caminhada ainda criança. Sua mãe, Herzeloide, procurou retê-lo no reino infantil (na unidade) para poupar a si mesma e a ele de um novo sofrimento igual ao que já causara a morte heróica de seu pai, Gachmuret, lá fora no mundo (a criação). Para Parsifal, no entanto, é importante partir e "passar pelo meio de tudo". Ele precisa tornar-se adulto, tão-somente para chegar ao ponto de conversão, ao ponto de maior escuridão (depois de ter sido expulso do castelo do Graal) e dali regressar, a fim de reconhecer a evolução dos acontecimentos em sua totalidade e, finalmente, reencontrar a unidade.

Dessa forma, esse caminho leva também do centro da rosácea para a escuridão; a luz se perde cada vez mais nesse caminho, as cores escurecem, vem o chumbo das molduras e, por fim, as estruturas cada vez mais compactas das pedras, culminando na parede sem luz. Todo caminho que se afasta da unidade leva a essa situação sem luz e, desse modo, a um provável ponto de conversão, à "catástrofe", que possibilita o retorno à luz, à unidade.

Nos nossos dias, em que já se perdeu muito da compreensão do símbolo e também grande parte da capacidade análoga de ver e pensar, talvez seja difícil descobrir os símbolos correspondentes. Na arte, pelo menos, essas imagens primordiais da vida poucas vezes são representadas de maneira consciente. Observando mais de perto, no entanto, ressalta-se o fato de que os símbolos tornam a se introduzir inconscientemente e de maneira furtiva, como se não pudéssemos viver sem eles. No decorrer dos ciclos individuais da vida, constatamos o mesmo simbolismo que a lenda do Graal nos faz compreender. A diferença é que hoje a denominamos *midlife crisis* (crise da meia-idade) e nos vemos diante dela em espantoso desamparo. E essa chamada *midlife crisis* nada mais é do que aquele momento de conversão — talvez até mais inequivocamente "momento de retornar para dentro de si mesmo" — vivido por Parsifal naquela manhã dentro do castelo deserto, ou aquela mesma situação em que, vindo da radiante luz da origem, atingimos a escuridão do muro de pedra que contorna a rosácea. Observemos mais de perto esse "fenômeno sociológico" da crise da meia-idade. Sua manifestação depende menos do significado temporal-quantitativo da metade da vida e mais do significado qualitativo; freqüentemente, depois de ter atingido o desenvolvimento máximo do poder, quando a ambição material já se satisfez, se conseguiu tudo e se poderia ser então o homem mais feliz. Justamente nesse momento, ele resvala para o lado oposto, tornando-se triste, desanimado e abatido! Que outra coisa poderia abatê-lo senão o sentimento de que agora todos os objetivos foram alcançados, só restando o vazio e de que isso não pode ter sido tudo. Dessa forma, no entanto, foi alcançado um ponto bastante decisivo. No tempo de depressão, e de trevas, é possível que nasça a luz do conhecimento de que há também a possibilidade de uma volta, de um retorno a si mesmo. Aliás, a luz redentora do nosso mundo — Cristo — nasceu também num período de grande escuridão, na *noite sagrada* (Natal) do solstício de inverno. Essa noite, embora a luz seja tão tênue que parece ter-se perdido, é a noite insigne, sagrada e mais importante, e aguarda-se o retorno de Jesus Cristo na "noite da humanidade".

Assim, a crise da meia-idade — seja qual for a época em que ocorra — é a mais importante, por oferecer a oportunidade de reconhecer que é tempo de voltar a si mesmo.

"Em verdade vos digo que, se não vos tornardes como as crianças, não entrareis no Reino do Céu. . ." Na maioria das vezes, há ainda uma certa receptividade a essa mensagem, só que depois busca-se o caminho mais fácil e tudo torna a ser resolvido apenas de modo superficial. As pessoas tornam-se de repente infantis, *hippies* tardios, e tentam rejuvenescer exteriormente pelas roupas, pela obediência à moda e pelo uso de cosméticos, ou buscam se convencer da sua juventude procurando parceiros mais jovens. Como todas as soluções meramente exteriores, estas, por sorte, também têm um certo quê de ridículo e culminam em desilusão. "Por sorte", porque esse quê de ridículo encerra a possibilidade de se reconhecer que assim não é possível. É, mais uma vez, a desilusão que põe fim a uma tentativa de auto-ilusão; mas não vamos subestimar as desilusões, pois elas correspondem também ao mesmo modelo: são o fim de um caminho que, após ter levado à ilusão, nos leva também à conversão. Assim, poderíamos muito bem festejar o fim de uma ilusão. De acordo com a concepção oriental, e a esotérica, vivemos no mundo das ilusões, de maya, e cada desilusão rompe um pouco mais o véu de maya.

Na página seguinte, você encontrará o labirinto de Amiens. Pintando ou pensando — como queira — procure reencontrar nele o que dissemos: o seu caminho pessoal. Medite sobre isso e faça da sua própria vida a base dessa meditação.

REGRESSO – CONVERSÃO

A idéia da conversão e, ainda mais claramente, a do regresso, também tem suas raízes na esfera cristã e, desse modo, o banimento dos labirintos das igrejas cristãs deve ter se baseado em algum mal-entendido. No labirinto quadrático da catedral de Orléans, encontramos no centro e, portanto, na meta, as palavras *Sancta Ecclesia*. Segundo Hani,* os labirintos representam imagens do mundo em cujo centro está situada a Cidade Santa, a Nova Jerusalém. Isso é interessante na medida em que as catedrais góticas pretendem ser representações da Nova Jerusalém e, desse modo, suas rosáceas passam a ser as janelas da Cidade Santa por meio das quais podemos nos recolher. É justamente esse recolhimento e esse regresso ao próprio centro que o labirinto pretende nos fazer compreender. Trata-se do mesmo tema encontrado na parábola do filho pródigo e também na idéia cabalística do anjo caído, Lúcifer, e em João Batista, que pregava a penitência e a conversão, e na história da transformação de Saulo em Paulo – e na verdade, toda a peregrinação pressupõe a mesma idéia. Começa-se uma viagem ao mundo exterior com o desejo de viver algo interiormente. No seu final, que é praticamente uma representação externa de algo interiormente importante (quase sempre um lugar de recordação de um mistério da fé nele ocorrido), dá-se a volta e regressa-se a casa. Os clássicos caminhos de peregrinação, como o que leva a Santiago de Compostela, conduzem também diretamente para oeste; seguem, portanto, no seu retorno, o caminho do sol. A viagem de volta leva, conseqüentemente, ao leste, ao encontro da luz nova. A característica dessas estradas é que são muito mais antigas do que o Cristianismo – sempre houve homens que seguiram esses caminhos (internos e externos).

Parsifal tem de fazer penitência na volta, remediar todos os erros que, por falta de consciência, cometeu na ida. Na volta, ele encontra, por assim dizer, o karma que plantou na ida, e tem de redimi-lo. Precisa abolir conscientemente a sua separação da unidade (simbolizada pela mãe Herzeloide).

* Jean Hani, *O simbolismo do templo cristão*, Coleção Esfinge, Lisboa, 1981.

Importante e claramente reconhecível nos símbolos é o fato de que a separação não estava errada; era indispensável, o pressuposto necessário para o regresso. O fato de Parsifal se revoltar e partir está na ordem das coisas. O Pai (Deus) ama o filho pródigo que, apesar de tudo regressou, mais do que o filho bom e obediente que permaneceu em casa. Cristo também não diz "se não permanecerdes como crianças", mas afirma de maneira expressa: "se não vos *tornardes* como as crianças..." Agora então já deve causar menor espanto, quando os cabalistas dizem que Lúcifer, o anjo caído, é o anjo predileto de Deus.

Desse modo, o labirinto e a lenda do Graal nos mostram, de maneira quase mais inequívoca do que as rosáceas, que a criação não necessita de nenhum retoque. Tudo o que se refere a desvios e impedimentos tem o seu sentido, mesmo que, a princípio, dentro do labirinto da vida, não seja fácil percebê-lo.

TEMPO – CONVERSÃO

Agora vamos fazer um exercício que lhe permitirá exercitar essa conversão do tempo, podendo ampliá-lo à vontade, se brincar com os diversos ritmos do tempo.

Começamos com um dia. À noite na cama depois de ter vivido, portanto, a metade clara do dia inverta o tempo e retorne a fim de vivenciar a segunda metade, o lado da sombra do dia, como um recolhimento consciente. Para isso, você andará para trás no tempo, começando no aqui e agora, isto é, na cama, e revivendo o seu dia, por assim dizer, às avessas — agora com maior distância e de modo mais consciente. Quando tiver chegado à parte da manhã, procure sentir mais uma vez a disposição com que começou o dia. Paulatinamente, reconhecerá como o andamento e o final dele já estavam contidos no começo.

Em seguida, dê mais um passo para trás, para onde se encontrava enquanto dormia, e continue o sonho no ponto em que parou na última noite. Se isso é possível ou não, é menos importante do que estar aberto para uma tentativa. No entanto, se você incluir essa possibilidade, ela estará, de fato, excluída para você.

Se, com o tempo, você adquirir certo treino nessa técnica, poderá incluir intervalos maiores nessa retrospecção — por exemplo, uma semana, uma mês, um ano, dez anos, uma vida, etc.*

---

* Pelas nossas experiências, não é recomendável fazer sem ajuda essa regressão para antes do nascimento.

ILUSÕES

Quase todas as nossas ilusões começam através dos olhos exteriores e somente a revisão interior pode nos libertar delas. Mas nosso olho, como nenhum outro órgão dos sentidos, é capaz também de nos ajudar a desvelar interiormente as ilusões que exteriormente ele nos simula.

Cem milhões de células visuais captam incontáveis impressões distintas e cada um desses pontos visuais transmite a sua informação, através do nervo ótico, para o cérebro, surgindo ali, desses cem milhões de informações isoladas, o que chamamos de imagem. A imagem que vemos não está, porém, do lado de fora, mas, obviamente, do lado de dentro; não na retina, mas no cérebro. De modo que, na realidade, não olhamos para fora, para o mundo; o mundo é que olha para dentro de nós. As imagens estão sempre dentro. Contudo, parece pouco provável que o que vemos corresponda, de fato, ao que está fora. O mais provável é que cada jumento e cada formiga vejam os seus respectivos mundos.

No entanto, mesmo se aceitarmos o mundo exterior como real, ele sempre acabará nos revelando seu caráter ilusório.

Observemos uma mandala, uma roda que gira: a partir de certa velocidade, ela começa — para a nossa imaginação — a se movimentar no sentido oposto (como podemos ver nos filmes antigos, pelas rodas das carroças). E então, de repente, ela fica totalmente parada, embora na realidade esteja girando bem depressa. Todo filme se baseia nessa ilusão; mas, as figuras que se movimentam no filme, estão "na realidade" absolutamente imóveis em cada uma das imagens. E todas as noites não assistimos em sonho aos mais diversos filmes que, de manhã, subitamente não existem mais? Você tem certeza de que o que se inicia pela manhã, quando acordamos, não é também um filme? O que é que estamos vendo então? Coisas que não existem realmente, conforme a física atual nos comprova. Tudo o que tomamos como objetos sólidos, não passa de energia em movimento, só que vibrando com tanta rapidez que não percebemos.

Entre as ciências, foi a física a que mais avançou na direção das fronteiras do nosso universo, sendo capaz de fazer afirmações que poderiam, do mesmo modo, provir de algum dos livros sagrados e atemporais: por exemplo, a de que tudo está ligado a tudo (entrelaçado) ou a que diz que, em última análise, tudo é movimento e, por conseguinte, energia. Se tudo, se cada átomo é energia, o homem também, segundo a física, é apenas um fenômeno energético, uma mandala em movimento.

Este conhecimento existe em toda parte sob aparências diferentes. Talvez tenha sido expresso mais claramente pelos hindus por meio do seu sistema de chakras. Ao longo da coluna vertebral estão situados sete centros energéticos — os chakras — ligados a um canal energético, o Sushumna. Os "Chakras" significam "rodas" ou "círculos"; sendo representados freqüentemente sob a forma de flores (loto) — mandalas de energia. Todas juntas envolvem o homem num campo vibratório de forma esférica. Nessa imagem, porém, o ponto central acabou se tornando um eixo — a coluna vertebral, que corresponderia, na grande mandala do macrocosmo, ao eixo do mundo.

Em outras culturas, há outros nomes e pequenas diferenças, mas, afinal, trata-se de um mesmo fenômeno energético, visto por diferentes prismas culturais. Assim, os chineses chamam de *meridianos* as vias que ligam os centros, ao passo que os hindus falam de *nádis*. Os tibetanos só têm cinco chakras, porque unem dois deles num só, e os índios Hopis contam apenas os cinco chakras superiores do sistema hindu. Alguns, como os tibetanos, acham que a energia penetra pelo chakra do vértice para, em seguida, descer, enquanto os hindus a deixam subir a partir do chakra muladhara, o mais inferior.

Entre nós, o mesmo processo universal é observado de diversos pontos de vista. Cada mandala evidencia o mesmo processo: a lei do centro vivo de onde tudo vem e para onde tudo retorna... do centro para o centro, ou, como dizem os hindus, do aqui para o aqui.

Guarneça agora a mandala do homem, na página 35, com os sete centros energéticos em forma de mandala.

Ligue esses sete centros numa só imagem energética — a imagem da aura do homem.

Depois, pinte a imagem da página ao lado — o chakra do terceiro olho, símbolo da introspecção e da clarividência.

As cores do original são:

As duas pétalas exteriores do loto: azul-claro luminoso

O círculo: branco

O linga no centro: azul-claro

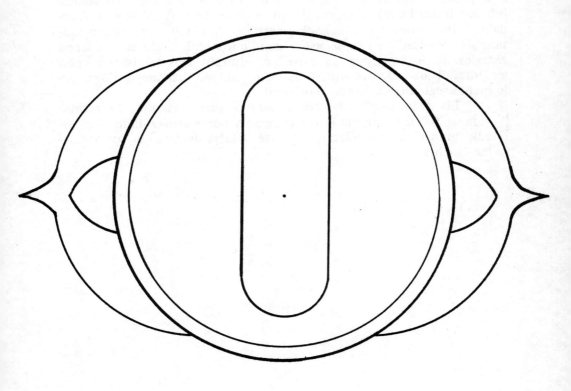

A representação do quarto chakra, o do coração, nos fornece elementos que já conhecemos da arte cristã medieval, como o hexagrama e o simbolismo do número doze. Os dois triângulos que se interpenetram representam, também aqui, a compensação entre as energias polares do universo; o superior representa Shiva, o princípio masculino, e o inferior, a deusa Shakti, o princípio feminino. Esse chakra, pela sua posição no corpo humano, entre os três chakras superiores e os três inferiores, representa o equilíbrio das energias no centro, no coração. Os hindus dão à energia que flui no Sushumna o nome de kundalini, a força da serpente. Segundo essa concepção, a serpente kundalini fica enrolada em três espirais e meia no chakra inferior (muladhara), à espera de que a despertem. A expressão "kundalini" teve origem no vocábulo sânscrito "kundal", que tem o sentido de "espiral". Fecha-se assim mais um círculo. Não só a energia exterior do macrocosmo se move em espirais, mas também a energia interior do microcosmo, o homem, flui de maneira análoga; pelo menos segundo a concepção oriental.

Eis a indicação das cores para o quarto chakra, de acordo com a tradição oriental: o hexagrama verde-acinzentado, no círculo branco, é circundado por doze pétalas de loto de cor vermelho-cinabre.

Entre nós restam apenas vestígios do conhecimento do fluxo energético em forma de espiral. Parece, no entanto, que ele esteve vivo no Ocidente até a Antigüidade, se pensarmos no bastão de Esculápio, o símbolo dos médicos gregos: uma serpente (a energia) enroscada ao redor de uma vara (a coluna vertebral) em *três voltas e meia* de baixo para cima. Nessa época, a serpente era considerada sagrada e, nos templos de Esculápio, havia serpentes veneradas como divindades. O bastão de Esculápio ainda hoje é o emblema dos médicos ocidentais, mas o conhecimento do fluxo energético se perdeu e foi redescoberto agora justamente no Oriente.

Abaixo você vê o bastão de Hermes, que, com as duas serpentes, uma branca e outra preta, simboliza também a polaridade cujo centro — o encontro das duas serpentes — passa a ser um ponto, o centro divino.

Use esta página para criar a sua própria mandala energética: qual a forma que condiz com a sua percepção pessoal do fluxo de energia? E que cor ele exige?

AS MANDALAS DA NATUREZA

A mandala representa o centro; não pertence nem ao Oriente nem ao Ocidente. Realmente, só é possível encontrá-la no nosso próprio centro. O caminho começa, porém, do lado de fora, em seu contorno e, enquanto o seguimos, entramos em contato com as mandalas das mais diversas culturas, nas quais as diferenças são meramente exteriores, ou seja, existem somente nos contornos. No meio da mandala, todas as diferenças se eliminam e se unificam num único centro.

Todas as culturas e todos os homens participam da natureza. Com toda a nossa técnica e progresso, continuamos envolvidos pela natureza e dela dependemos. A natureza, no entanto, está repleta de mandalas, de modo que não podemos deixar de ver que elas são universais, no sentido lato da palavra — a Unidade em suas mais diversas manifestações.

No centro de cada rosa desenvolve-se o grão da semente tão conhecido no simbolismo cristão. Observando as sementes de diversas plantas, temos novas mandalas diante de nós, de modo mais nítido nas frutas, cuja forma, quase sempre esférica, envolve um único caroço, um só centro, no qual jaz o que, para a planta, é eterno e atemporal. Afinal, a cada planta interessa somente esse núcleo, que lhe assegura a existência através dos diversos ciclos de desenvolvimento. Também o corte transversal de cada talo, caule, galho ou tronco forma uma mandala. Eis aqui o cerne de um tronco — uma mandala que, do mesmo modo que o horóscopo, junta numa só imagem o tempo e o espaço.

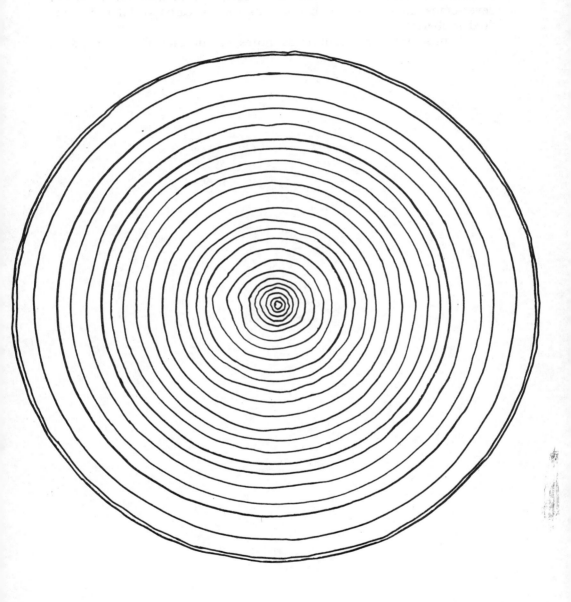

As rosáceas são imitações da forma da flor e são construídas, em parte, obedecendo ao mesmo princípio que determina o arranjo das pétalas e dos brotos nas plantas. É surpreendente, porém, que a ciência só tenha descoberto esse princípio bem mais tarde. Talvez devêssemos aqui — como em muitos outros casos — falar de uma "redescoberta".

Vamos então redescobrir as flores e, em cada flor, a mandala.

A série das mandalas é ilimitada, sem fim. Quanto mais aprendermos a observar, mais mandalas encontraremos. Uma associação evidente é também a teia da aranha com a sua estrutura de mandala.

Você agora pode transformá-la na sua própria teia pessoal e multicolorida.

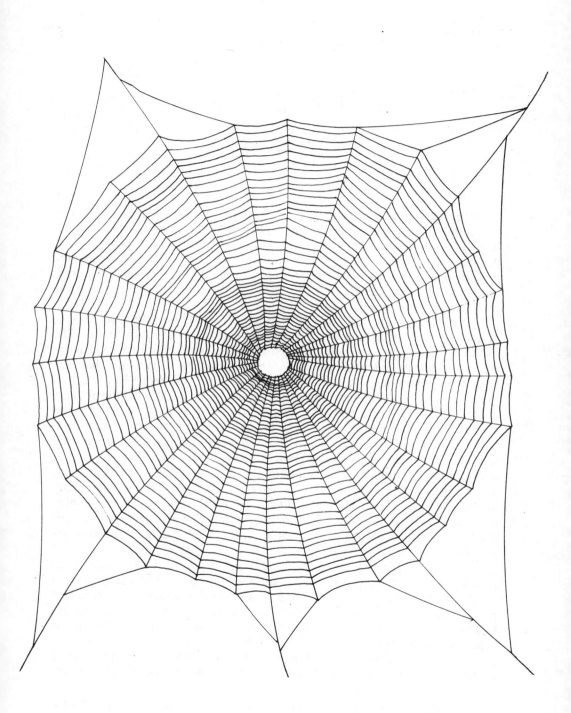

A ARANHA DENTRO DE NÓS

Embora seja uma mandala perfeita, a teia evoca à primeira vista sensações desagradáveis. É que a natureza da aranha (e de sua teia) mostra-nos nitidamente que vemos nela, de modo inconsciente, mais do que gostaríamos de ver: cada homem vive numa teia semelhante, que o liga ao seu mundo com incontáveis fios! Essa teia primeiro tem de ser reconhecida; em seguida aceita e, finalmente, vivenciada conscientemente a fim de ser redimida.

Talvez seja por isso que a aranha se tornou um símbolo tão repugnante: porque nos lembra o nosso enredamento com o mundo, os nossos múltiplos apegos e dependências. Talvez também por mostrar-nos a nossa maneira ardilosa de ficar à espreita para apanhar outros seres, deixando-os debater-se nessa rede, esquecendo que nós próprios também estamos ali nos debatendo. O simbolismo vai mais longe ainda: a aranha trabalha igualmente com a ilusão de que a sua rede nem sequer existe; ela deve ser tão fina que se torna invisível, e só passa a ser real para o aprisionado no momento de morrer. Assim, nós também reprimimos essa rede até que, na hora da morte, não podemos mais negá-la. A mandala da teia de aranha representa, como qualquer outra mandala, a imagem dessa criação, e nós somos insetos aprisionados em algum lugar de seus contornos e, portanto, da criação materializada. Quanto mais nos enfurecemos e quanto mais inconscientemente o fazemos, tanto mais ficamos presos nessa rede.

Agora, pinte a mandala da aranha — que também é uma mandala — e torne-a bonita ocupando-se um pouco também com a sua própria natureza aracnídea, e aprenda, se possível, a amá-la.* Em seguida, medite tranqüilamente sobre a teia que pintou anteriormente e perceba como você também carrega dentro de si a essência dessa teia.

Você naturalmente não poderá encontrá-la de imediato e nem deixar os outros descobri-la. Isso é compreensível, pois o sen-

---

* Ver o cassete de meditação *Garten der Liebe* [O Jardim do Amor], de R. Dahlke, Edition Neptun, Munique, 1984.

tido da teia é que ninguém a vê. Mas agora, ao menos, tenha a coragem de olhá-la, apesar de tudo, pois quanto menos gostar de aranhas e teias, maior é a certeza da sua presença.

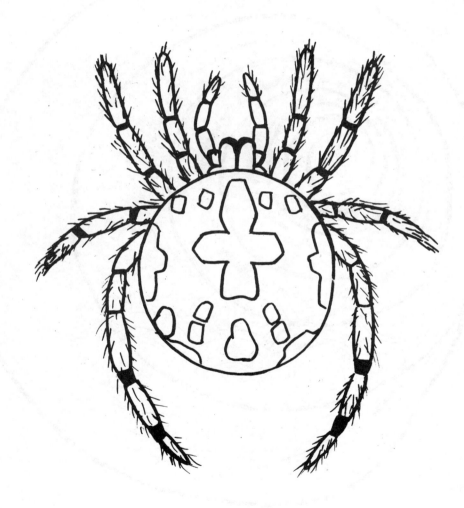

O invólucro calcário de muitas conchas, a forma das anêmonas, dos ouriços do mar, dos corais — todos eles são mandalas, assim como as conchas dos caracóis, que lembram tanto o redemoinho primordial, como os labirintos.

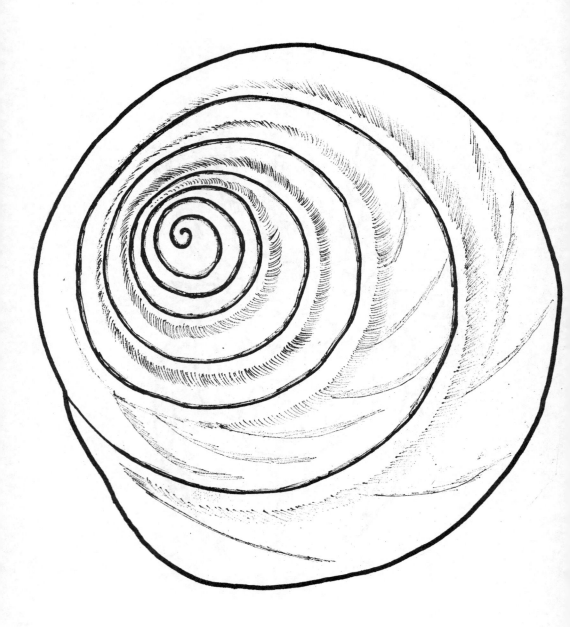

Segundo a tradição, Vênus, a deusa do amor, nasceu de uma dessas mandalas, isto é, de uma concha.

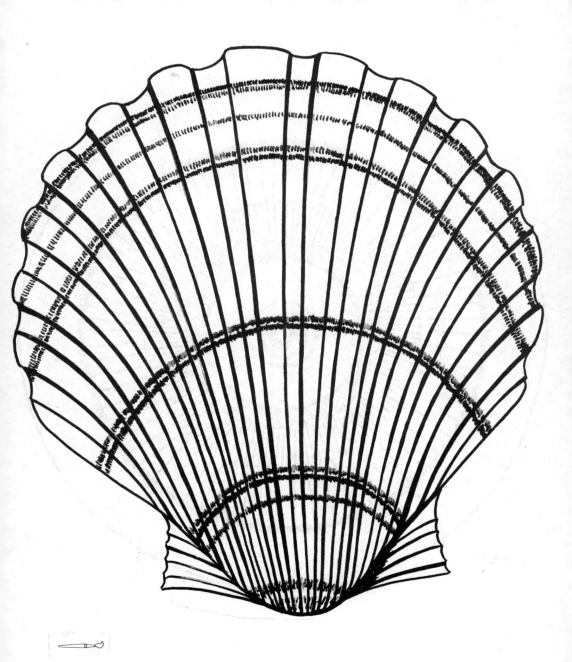

A mandala-concha não é apenas o lugar do nascimento do amor, mas também o das pérolas brilhantes — a madrepérola —, símbolo das lágrimas e do renascimento; elas também são mandalas. A mandala furta-cor é reconhecível pela sua forma esférica tridimensional. Essa impressão é ainda mais acentuada quando cortamos uma pérola ao meio.

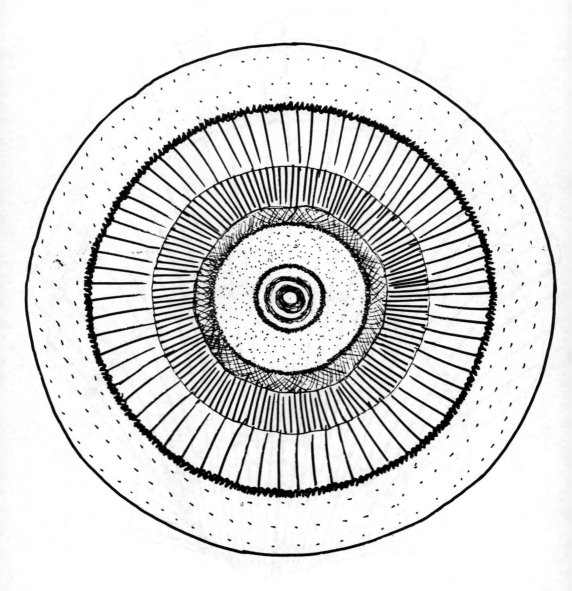

Os abrigos dos homens tinham, muitas vezes, na sua origem, a forma de uma mandala. Vemos isso ainda hoje nos *crals* africanos e nos *tipis* (tendas de peles) dos índios norte-americanos. Nós, ao contrário, mudamos para casas retangulares que já exteriormente revelam a prioridade dada à matéria. Os lugares religiosos, porém, as casas de Deus, foram dispostos, através dos tempos até os nossos dias, em forma de mandalas. Vistas do alto, todas as igrejas em estilo de basílica, bem como os templos ortodoxos gregos, obedecem exatamente ao traçado fundamental dos iantras tibetanos: a ligação do cubo (quadrado para o mundano) e da esfera na cúpula (a esfera e o círculo representam o divino).

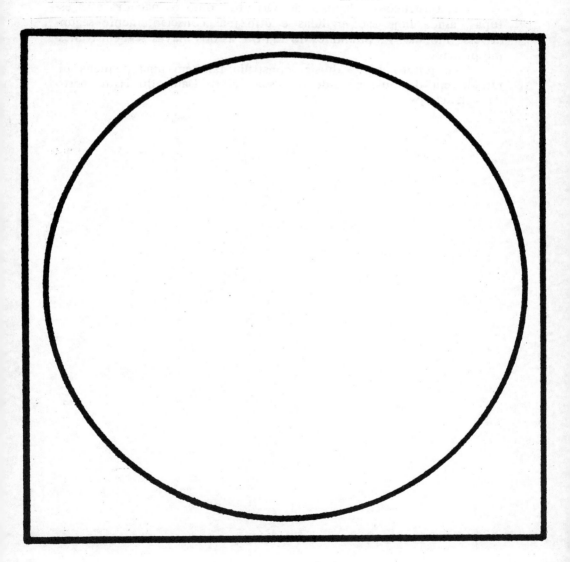

Embora já tenhamos esquecido nossas ligações com a mandala, ela persiste, contudo, através das formas. Nossos teatros modernos e as arenas dos circos são redondos, pois, na sua origem, eram lugares sagrados, como se pode ver pela palavra "teatro".

A palavra teatro é composta das duas palavras gregas "theos" (Deus) e "iatros" (médico), e significava originalmente algo como "um lugar onde se é curado mediante o encontro com o divino". Nossos ancestrais pagãos aplicavam o mesmo princípio aos seus locais sagrados, como podemos ver ainda hoje, de maneira tão impressionante, em Stonehenge, calendário gigantesco dos druidas e de seus antepassados.

As construções religiosas do Oriente, como os pagodes e as estupas, ainda hoje são erguidas e utilizadas conscientemente segundo esse modelo. As pirâmides do Egito e as dos mayas seguem o mesmo princípio.

O arquiteto Le Corbusier construiu também uma pequena pirâmide em degraus, ao lado da "sua" Notre-Dame du Haut, perto de Ronchamps.

Os homens sempre tiveram o sentimento de estar mais próximos dos deuses quando estavam no alto das montanhas. E, estando no cume de uma montanha, o homem está, de fato, no centro de uma mandala. A cruz no pico de uma montanha traduz ainda mais essa consciência. Meru, a montanha sagrada dos hindus, pela sua simetria, tem a seguinte forma, vista da perspectiva dos deuses:

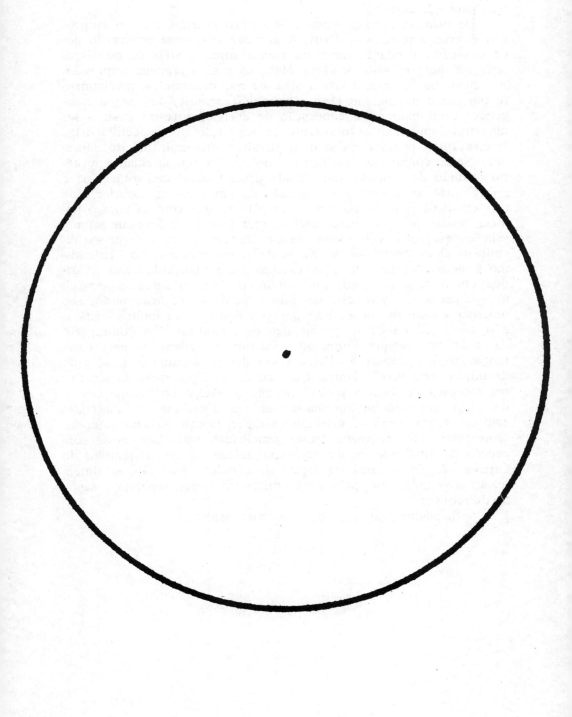

"O que o corpo é para a alma e o azeite para a lâmpada, o iantra é para a divindade."

De maneira correspondente, lida-se, no Oriente, com os iantras, isto é, com a morada de Deus. À primeira vista, essa concepção pode nos parecer infantil, mais ou menos como a idéia de que Deus seria um homem velho e sábio. Mas essa é só a primeira impressão. Até hoje, no Oriente, é viva a idéia de que cada iantra, precisamente por ser a morada de Deus, é, simultaneamente, um campo energético. Com base nessa concepção de energia, o iantra passa a ser um ritual complexo e totalizante de veneração do respectivo deus. E esse ritual contém em si o desenvolvimento espiritual do adorador. Nessa conjunção de sujeito e objeto, há um fascinante mistério oriundo do Oriente. Em virtude dessa relação indissolúvel, lá a religião não se deteriora no sentido de um processo exterior, que não diz mais respeito ao fiel. A religião sempre começa com o homem, sendo, por isso, inseparável de exercícios e técnicas que promovam o desenvolvimento desse mesmo homem, a fim de que ele reconheça Deus dentro de si. Na verdade, encontramos no Cristianismo a mesma teoria, como, por exemplo, na sentença de Cristo: "Porque, em verdade vos digo, que o Reino de Deus está dentro de vós", mas as bases para viver essa sentença se perderam e, desse modo, esse objetivo acabou se esmaecendo pouco a pouco. Para muitos cristãos, essa afirmação de Cristo possui algo de espantoso. Em contrapartida, o Oriente sempre conservou o instrumento adequado para a obtenção da experiência de Deus, e um desses instrumentos, ao lado de muitos outros, é o iantra. Cada iantra cria, por meio da sua forma colocada no espaço vazio, um campo energético ou um campo de força que contém automaticamente a divindade. As pirâmides egípcias, assim como as catedrais, e especialmente as suas rosáceas, representam um fenômeno muito semelhante. Com base nessa concepção da qualidade de um lugar ou de um espaço, os templos do Oriente são construídos na forma de mandala. Eles são, igualmente, áreas sagradas que, pelos seus limites exteriores, separam o sagrado do profano.

Na página seguinte, o traçado de um pagode.

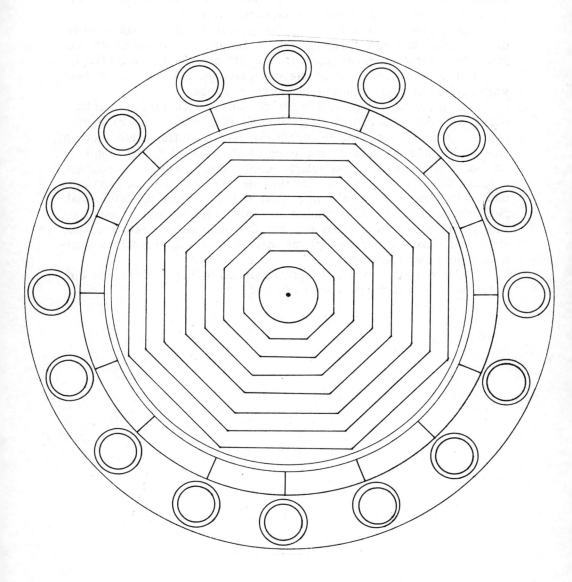

As idéias orientais sobre a criação e estruturação de um local sagrado correspondem, em grande parte, às nossas experiências com as rosáceas. O Oriente chama o centro, o ponto adimensional, de *bindu*. O bindu é o ponto primordial de toda a criação, o ponto que encerra, num nível transcendental, a Unidade e a Totalidade, tornando-se assim o ponto originário da criação material.

No homem, o bindu é o ponto central do sexto chakra, situado no lugar chamado "terceiro olho". Durante a meditação do iantra, este centro une-se ao centro do iantra através da concentração.

Como ainda veremos, os ciganos praticam uma meditação bem simples que por si só dirige a atenção para esse lugar.

Faz parte ainda da meditação do iantra o chamado "mantra", sílaba ou som que contribui igualmente para *centrar* o consciente. O uso de sons nada tem de espantoso, pois o iantra, como modelo energético, não só tem forma e cores determinadas, mas também um som determinado. Essa relação existe ainda na nossa linguagem: a tonalidade de uma cor, o colorido de um som. Um dos mantras mais importantes é "Om", que corresponde à vibração primordial. No Oriente, lida-se muito cuidadosamente também com os mantras. Eles jamais são pronunciados em voz alta ou num contexto profano, visto que devem atuar nas esferas mais delicadas do homem e qualquer rudeza os prejudicaria.

Trate você também o iantra com sensibilidade. O ato de pintar por si só o abrirá para a sua vibração.

A MEDITAÇÃO

Toda técnica de meditação visa, afinal, a mesma coisa, o mesmo centro. Há, contudo, muitos processos diferentes como também inúmeras mandalas, mas só existe um centro. Do mesmo modo que não existem mandalas certas ou erradas, não há também técnicas certas ou erradas de meditação. Nenhuma discussão a esse respeito chegaria a tocar o essencial, seria apenas uma distração para o intelecto. Cada um, se quiser, deverá buscar a forma que lhe convier no momento — você já viu algumas das possibilidades. Pela minha experiência, o tipo de técnica é menos importante do que a regularidade, porque só esta conduz à primeira decisão: ou o intelecto ou nós mesmos.

Agora que já elucidamos as noções de "concentração" e de "mantra", vamos abordar uma técnica que, a meu ver, é bem apropriada para vivenciar mandalas ou para a meditação da mandala. Se você tiver desenvolvido ou ainda estiver desenvolvendo um gosto diferente, siga-o. Repetindo uma vez mais: não se deixe *limitar* pelas propostas; seja *estimulado* por elas.

Na palavra "concentração" há duas chaves que nos revelam do que se trata: a "centralização" (processo cujo objetivo é o centro) e "concêntrico" (junto, mutuamente sintonizado). Uma pedra atirada na água produz círculos concêntricos.

A concentração está, portanto, duplamente ligada à mandala. Basta tornarmo-nos receptivos à mandala e contemplá-la para que o processo de concentração comece por si mesmo. Há mandalas diferentes, e também caminhos diferentes para o centro, mas todos estão unidos pelo princípio único do centro. Vamos pensar no labirinto; nele é necessário *procurar o caminho*, literalmente falando, com os sentidos. Por outro lado, a maioria das mandalas, e sobretudo os iantras tibetanos, conduzem diretamente ao centro. Enquanto nas rosáceas ocidentais esse impulso inconsciente para o centro, dado pela estrutura, pretende apoiar-se ainda, através do raciocínio, nas figuras que narram histórias, o Oriente de maneira geral confia sobretudo na energia presente no modelo.

211

Nesse sentido, cada mantra é naturalmente uma mandala, porque esta entra na consciência e ali vibra, de modo semelhante à imagem da pedra atirada n'água — suas ondas concêntricas vão se perdendo, tornando-se mais tênues, e cada vez menos perceptíveis. O único propósito do mantra é orientar na direção do centro. E assim chegamos ao próximo passo: a técnica da meditação do mantra, que deve servir de exemplo para a nossa meditação da mandala.

Acolha em pensamento um mantra (isto é, pense-o, ouça-o, sinta-o ou, se possível, faça tudo isso ao mesmo tempo) e observe-o sem esforço, deixando que realmente vibre até o fim, seguindo-o através das diversas camadas da consciência. Caso o tenha perdido, isto é, se você se reencontrar com outros pensamentos, isso também faz parte das coisas, mas, depois, retorne sem esforço, quase sem intenção ao mantra, e observe-o outra vez: como ele vai mergulhando novamente na consciência, realizando sempre o mesmo ciclo de ir e vir. O mantra é essencialmente um som, algo como "om". Pode-se acompanhar da mesma maneira o som de um gongo ou de um sino (todos, aliás, pela sua forma, são mandalas!). Do mesmo modo que esse tipo de imagem acústica de um som, a imagem visual se ajusta a uma mandala ou a um iantra, aqui também seguimos simplesmente a impressão deixada pela mandala através dos olhos em nosso interior até a perdermos (quase sempre por distração) e, em seguida, recomeçamos novamente olhando a nossa mandala até nos perdermos outra vez em outros pensamentos, retornarmos de novo e assim sucessivamente... na esperança de alguma vez atravessar o ponto central..., esta esperança é que nos prende e nos estorva. Ela é necessária no início, mas precisa ser superada em seguida. Só quando a meditação se desenrola sem qualquer propósito ou exigência e também sem expectativas e esperanças, ou seja, sem qualquer intenção, é que "isso" pode ocorrer.

A maior parte da nossa vida é dominada pelo desejo de compreender o que acontece. Queremos agir com bom senso, inteligência e compreensão. Só no centro da mandala, no entanto, é realmente possível a compreensão da roda da vida, do nexo do mundo e da criação.

Até onde é possível haver um objetivo na meditação iântrica, esse será o de que iantra e observador passem a ser *Um* no bindu, no ponto primordial.

As estruturas geométricas que constituem os iantras correspondem, como já se pode supor pelo aspecto idêntico do centro, às estruturas das rosáceas que já conhecemos. O Oriente, porém, tem algo mais: conservou a teoria e a sistemática da preparação de suas mandalas.

O centro é formado pelo bindu, que corresponde ao elemento akasha, portanto, à esfera ainda não materializada. O nível seguinte, o material, é constituído pelos outros quatro elementos ou "tattwas". A cada tattwa corresponde uma forma simbólica. As cinco formas básicas são: o ponto para o princípio do akasha, o círculo para o tattwa ar, o triângulo para o fogo, a meia-lua crescente para a água e o quadrado para a terra. Dessas cinco vibrações básicas origina-se a totalidade da criação e, por conseguinte, de todos os iantras.

Na página seguinte, vazia, desenhe uma mandala usando essas formas básicas, vivenciando então o valor de cada um desses símbolos.

Para os orientais, a criação de um iantra é um ritual. A construção dos templos passa, desse modo, a ser também um serviço divino. Os templos sempre correspondem à forma de um iantra, freqüentemente ao iantra Vastu-Purusha, que representa a verdadeira natureza do homem, portanto, o *self* divino. Dessa maneira, a arte oriental mantém o significado religioso e serve, por conseqüência, à debilitação do ego em favor do *self*, ao passo que, entre nós, a individualidade e, portanto, o ego, passou a ser a força motriz e o centro da arte. Com base nessa compreensão oposta da arte, podemos também apreender algo para a nossa meditação. A meditação só pode "acontecer", segundo a compreensão oriental. Enfatizando o ego e colocando o artista ou a pessoa que medita (no Oriente são idênticos) no ponto central, a concepção ocidental jamais poderá encontrar o centro, pois este nunca é da competência do ego individual, mas exclusivamente do absoluto impessoal: Deus.

O simbolismo dos números também é, analogamente, válido para os iantras, cujo modelo básico é o círculo dentro do quadrado, ou seja, o divino e o infinito dentro do finito do material. Uma particularidade é o aparecimento de quatro portas criada pela superposição de duas suásticas (rodas do sol) polares que formam a base. Por trás disso oculta-se o símbolo da polaridade: a energia que gira para a esquerda (destrutiva) e a que gira para a direita (construtiva) fazem parte do mundo material. Do seu ajuste e equilíbrio surgem as portas que conduzem ao interior, ao sagrado *Uno* (círculo).

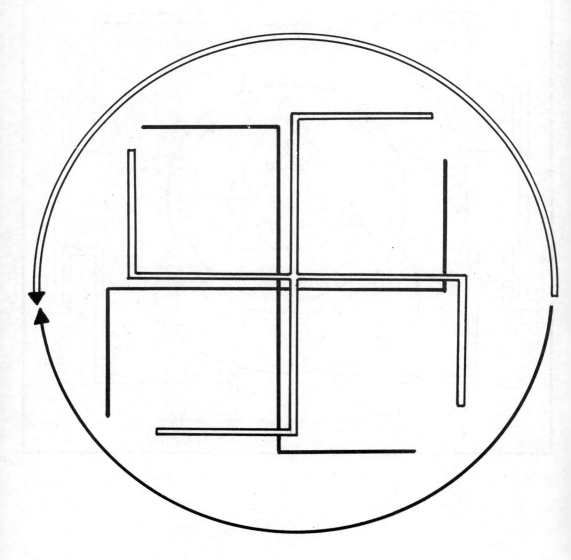

Tornamos a encontrar nos iantras muitos elementos que já vimos nas catedrais; assim, os hindus também conhecem a roda da fortuna. Eles usam os labirintos para a concentração, e utilizam mandalas com fins terapêuticos de maneira semelhante aos índios.

Outra singular concordância — a título de menção — encontra-se num templo dedicado ao deus-sol Surya, em Orissa. Esse templo é composto de três iantras de superfícies iguais: um círculo, um quadrado e um retângulo. Essas mesmas formas geométricas desempenham importante papel na planta da catedral de Chartres.* Os ciganos usam essas mesmas formas em seus jardins de iniciação e, em algumas lendas do Graal, diz-se que o cálice sagrado está pousado sobre três tábuas do mesmo tipo.

Por mais que os templos orientais e ocidentais causem impressões totalmente distintas, seus princípios ocultos têm correspondências evidentes, mesmo que ainda não as entendamos. Lembremo-nos de que as primeiras igrejas — tenham elas como base a cruz grega, como na românica, ou a cruz latina, como na gótica — tinham o Santíssimo, o altar, sempre no ponto de intersecção das duas naves, no centro, por assim dizer, do significado da igreja. A mesma coisa acontece com os hindus: o escrínio mais interno, o Altíssimo, a morada do deus mais importante, está situado sempre no centro do iantra. Exemplo disso é a planta da estupa Barabadur, na Indonésia: um iantra perfeito. Abrange toda uma cidade-templo, instalada no século VIII numa montanha sagrada. Os fiéis faziam uma peregrinação simbólica, dando voltas ao redor do Santíssimo (o ponto central da montanha e do templo), subindo *em espirais* cada vez mais para o alto e, ao mesmo tempo, mais para perto do centro (compare com o caminho simbólico do horóscopo na página 105). Quanto mais alto e mais perto do centro, tanto mais informes se tornavam as estatuetas dos Budas que ladeavam o caminho, o que deveria sugerir que o conhecimento último prescinde de toda forma.

Vamos encerrar, por ora, a viagem ao Oriente, com um dito desse mesmo Buda, que viveu para o ensinamento do vazio, do nirvana: "Se orientar o seu coração para *um único* ponto, nada lhe será impossível."

---

* Comparar com L. Charpentier, *Das Geheimnis der Kathedrale von Chartres* [O Segredo da Catedral de Chartres], Gaia, Colônia, 1972.

Na página seguinte, aparentemente em branco, você encontrará tudo se olhar mais de perto, ou seja, um bindu. A partir dele, construa mais uma mandala "própria", sabendo que, tal como você, ela é a manifestação do Uno que você tem em comum com todas as formas da criação.

Procure seguir então o rastro do nascimento da mandala: primeiro feche, de modo bem consciente, os olhos exteriores, permitindo que a mandala cresça diante do seu olho interior. Seja como for, é lá que ela tem de nascer primeiro, quer você experimente isso conscientemente ou não. Quando, em seguida, você começar a construí-la a partir desse bindu, poderá também, às vezes, fechar os olhos a fim de reconhecer internamente como continuar. Os recursos a serem usados ficam por conta da sua criatividade; o grau de precisão a ser atingido depende da sua exigência em relação à estrutura e à harmonia. Você cria a mandala a partir do seu próprio reservatório de formas e cores. Esse reservatório *não tem* limites e, se você tem a impressão contrária, a causa só pode estar nas barreiras, impedimentos e sombras que ergueu diante do ilimitado. Que tal se você agora mesmo começasse a saltar por cima dessas sombras?

Como vimos, em todos os pontos cardeais, há portas que conduzem ao interior. Do mesmo modo, podemos usar cada um dos cinco sentidos para chegar ao interior. A experiência de cada um dos sentidos isoladamente influencia também os outros. Quando, ouvindo música ou contemplando uma paisagem, sentirmos amor, o corpo sempre se sentirá aquecido e o olhar e a voz se tornarão suaves e carinhosos.

Neste livro, nos dedicamos – não exclusivamente, mas sobretudo – ao sentido da visão e, desse modo, abordaremos uma vez mais os olhos e a visão. Conforme já foi dito várias vezes, existem muitos caminhos para o mesmo centro. Parece-me que o mais adequado para o homem ocidental é trilhar o caminho com os olhos abertos ao invés de fechados. Fechar os olhos significa desviar-se do mundo de maya, o mundo das ilusões, mantendo-o, por assim dizer, do lado de fora para buscar a verdade no interior. Esse seria o caminho da ascese e do misticismo. O caminho com os olhos abertos tem o mesmo objetivo: encontrar a verdade *única* –, mas assumindo o mundo como missão. Este tem de ser visto, revisto e observado em todos os seus aspectos até que se dissolvam o apego e o aprisionamento às formas. Esse é essencialmente o caminho da magia. *O mago precisa compreender o mundo sem se deixar prender por ele.* A diferença entre os dois caminhos pode ser bem evidenciada numa mandala. Enquanto o místico se volta diretamente para o centro e, por isso, procura fechar o acesso à periferia da mandala, a tarefa do mago é justamente esse caminho que, *através* da periferia, leva ao centro. No fundo, não acho muito acertado apresentar um deles como caminho ocidental e o outro como caminho oriental; ambas as versões existem no Oriente e no Ocidente. Pessoalmente, após algum tempo de olhos fechados, sinto-me mais comprometido com o caminho de olhos abertos, e este livro – mesmo que deva tornar-se inteiramente seu – é, no entanto, cunhado por mim. Por isso você encontrará, em alguns trechos – onde pressuponho sua pergunta "e agora?" – a indicação aparentemente simples: "Observe" e não faça nada ou faça tudo, mas, sobretudo, observe. Refiro-me à aceitação pura e simples, sem "vontade", sem apego, sem distância – observar, reconhecendo que as coisas são como são – porque são assim.

Com olhar sereno, deixar o que é sereno como está.

E, como quase ninguem é tão sereno que não tenha algo de que se desapegar, iremos nos dedicar à serenidade e, sobretudo, à contemplação serena.

Quando estiver diante de uma mandala grande, ou melhor ainda, diante de uma rosácea, você poderá fixar os olhos no ponto central, não percebendo quase nada além deste. Isso é o que geralmente se chama concentração. Na verdade, ela levará ao cansaço e praticamente não o aproximará do objetivo, do centro. Em vez disso, procure perceber na sua totalidade a rosácea ou outra mandala de tamanho comparável. Comece calmamente a concentrar-se no meio, mas paulatinamente vá ampliando o seu campo de visão, até abarcar a mandala inteira — aí então, vivencia-se tudo de maneira igual, embora os detalhes não sejam tão nítidos.

Quem não conseguir isso de imediato, pode experimentar o seguinte: faça com as duas mãos uma espécie de tubo ou antolhos e olhe através dele, abrindo as mãos devagar até que estas emoldurem a rosácea toda. Observe a rosácea como um todo, sem se fixar em nenhum detalhe; assim, tudo fica menos nítido e você obtém muito mais uma impressão do que uma imagem nítida daquilo que está contemplando. À medida que o olhar relaxa e passa a ser menos fixo, os pensamentos relaxam e se ligam menos nos detalhes. Os olhos, os pensamentos e todos os demais sentidos se transferem para a experiência da totalidade e se desligam dos fenômenos isolados.

Tente fazer esse exercício numa igreja diante de uma rosácea; se houver, além disso, música de órgão e aroma de incenso, será ainda mais fácil meditar, porque os demais sentidos o levarão para o centro. Você viverá então mais pelo lado direito do cérebro, o lado apropriado para abranger as totalidades. Aos poucos, vai ficando cada vez mais fácil abarcar um grande campo visual com o olhar descontraído e *suave*. Se não quiser ou não puder treinar numa igreja, poderá fazê-lo em qualquer outro local.

"Tudo o que precisa está sempre onde você se encontra."

EXERCÍCIOS PARA O OLHAR

Estenda ambos os braços para a frente, unindo as palmas das mãos. Olhe agora fixamente para as mãos e, em seguida, separe-as cada vez mais, acompanhando-as *simultaneamente* com os olhos. Desse modo, seu campo visual logo irá aumentar. Você notará que ele ultrapassa o meio círculo, e acabará percebendo também o que ocorre atrás de você, sem precisar se virar. Notará igualmente que os objetos por vezes se duplicarão, dividindo-se, por assim dizer, repentinamente, em dois objetos totalmente novos. Essa experiência é inteiramente normal e se baseia no fato de que agora os olhos não estão mais fixos num ponto, mas se encontram tão relaxados que vêem o referido objeto separadamente. Basta fixar novamente a vista e a miragem desaparecerá de imediato, e você verá outra vez uma única coisa onde ainda há pouco havia duas.

Você poderá ampliar esse exercício de modo muito simples, segurando um lápis ou outra coisa qualquer à sua frente e olhando, em seguida, não para o lápis, mas para algo situado alguns metros atrás dele — você logo verá dois lápis. Quando for capaz de fazer isso, só faltará um pequeno passo para transformar duas coisas em quatro.* Para isso, deverá segurar simplesmente dois lápis a uns 30 ou 40 cm distante do nariz e olhar para longe — e eles passarão a ser quatro. Se você brincar um pouco com as distâncias, usando os olhos, poderá fazer com que os dois lápis interiores se unam, e verá então três lápis em vez de quatro. E então algo espantoso ocorrerá:

Se olhar, durante algum tempo, para os seus três lápis, notará que o do meio é mais nítido e plástico, embora, na "realidade", nem exista.

---

* É bem possível que isso não aconteça tão rápido. Alguns homens já conhecem bem essa experiência, enquanto outros ainda têm que realizá-la pela primeira vez. Existe um livro muito bom de George Pennington, *Kleines Handbuch für Glasperlenspieler* [Pequeno manual para jogadores de contas de vidro], Hugendubel, Munique, 1981. Ele se dedica, de modo muito pormenorizado e acessível, a esse treinamento.

Mas isso não chega a ser tão espantoso, pois esse lápis do meio é visto por você com ambos os olhos e os dois exteriores são vistos com cada um dos olhos. É que a visão plástica, tridimensional, surge justamente porque observamos algo com os dois olhos, que estão um pouco distantes um do outro. O caolho vê tudo plano, pois falta-lhe a terceira dimensão, que produz a profundidade.

Para vivenciar a totalidade num livro, precisamos dar mais um passo: assim como se pode duplicar uma coisa, olhando para um plano situado por trás dela, pode-se fazer o mesmo, também, olhando para um plano imaginário situado diante dela. Você poderá fazer esse treinamento com a mandala seguinte: entre a mandala T'ai Chi e os seus olhos, segure um lápis e olhe para ele.

Você verá, então, ao fundo, duas mandalas desfocadas e pouco nítidas.

Da mesma maneira, poderá fazer das duas mandalas primeiro quatro e depois novamente três.

Os exercícios para o olhar são a chave do primeiro segredo do jardim da iniciação dos ciganos.* Esse jardim consiste em dois quadrados unidos por um retângulo, cercados por um fio de cor *violeta* e tão grande que permite a um homem se sentar num deles. Os ciganos o medem com seus próprios passos: um de largura e dois de comprimento. No outro quadrado estão, uma em cima da outra e em duas colunas, as três tábuas do Graal. Os ciganos chamam essas colunas de "flores" do seu jardim. As cores dessas flores geométricas — o vermelho e o azul — se alternam de tal modo que acabam sempre ficando frente a frente. Isso parece bem mais complicado do que, de fato, é.

Pinte este jardim de acordo com as seguintes instruções:

As figuras geométricas de contorno duplo, de vermelho;

As de contorno simples, de azul;

Os dois quadrados, de verde-claro;

O limite, a linha ao redor, de violeta.

---

* No livro de Pierre Derlon, *Die Gärten der Einweihung* [Os jardins da iniciação], Sphinx, Basiléia, 1978, esse jardim é descrito e explicado de maneira mais pormenorizada. Além disso, você encontrará nele muitos dos nossos símbolos, a partir da perspectiva dos ciganos, como, por exemplo, as três tábuas do Graal, o labirinto de Chartres e a espiral.

Agora o cigano está sentado diante das duas flores e as olha "serenamente"; elas se tornam quatro flores e, em seguida, três, sendo a do meio de cor violeta, a cor da harmonia dos opostos (vermelho e azul). Ela é mais plástica e mais viva do que as cores polares ao seu lado. Elas, então, (a polaridade) desaparecem inteiramente do olhar do cigano, e este pousa serenamente na flor do meio, que só existe nele. O seu olhar agora é dirigido automaticamente para o terceiro olho e toda a sua concentração permanece no centro (no nível cerebral, ele se encontra nesse momento entre os dois hemisférios).

Agora vamos para o segundo e verdadeiro segredo desse jardim, que não é dedicado em vão à iniciação. Até agora tudo foi treinamento e técnica. Quando, porém, se dominam ambos sem esforço — e essa é a condição prévia — pode-se viajar através da flor do meio, tal como fazem os ciganos, e iniciar-se no seu próprio mundo interior. A esse respeito não há muito a dizer, e o que pode ser dito não é o essencial. Simplesmente acontece e, se de início não acontecer, está tudo bem assim mesmo.

Os contos de fadas orientais, com o seu conhecimento sobre os tapetes voadores, nos ensinam que essa maneira de viajar para o interior pode proporcionar o mesmo prazer que as viagens ao mundo exterior Pensando no nosso cigano em seu jardim, é fácil imaginar também como um muçulmano começa a viajar e voar no seu tapete de orações.

Deparamo-nos com a mesma forma retangular quando olhamos para os tapetes islâmicos de orações, repletos de padrões e ornamentos não raro nas cores polares do calor e do frio e em sua harmoniosa combinação — o violeta. Notaremos sobretudo que esses padrões se dispõem, praticamente sem exceção, com tal simetria que o lado esquerdo corresponde, nas suas formas, ao direito — e aí começa a viagem.

Observando ainda mais profundamente os tapetes orientais de orações, notamos freqüentemente uma árvore da vida tecida no meio (eixo longitudinal) — um motivo conhecido da cabala judaica e que tornamos a encontrar em muitas janelas de igrejas cristãs. Um motivo muitas vezes também identificado com Cristo, visto que ele afirmou ser a videira da qual vivemos. Finalmente, encontramos essa "árvore da vida" bem no início, no Paraíso, crescendo ao lado da "árvore do conhecimento do bem e do mal". Ela tem, portanto, suas raízes na unidade, como também a sua vizinha polar do conhecimento do bem e do mal, que também cresce da unidade do Paraíso.

Com isso, regressamos à nossa tradição ocidental. É bem possível que a árvore da vida tenha servido outrora aos cabalistas para viagens semelhantes; sua forma, pelo menos, permite que tenhamos essa suspeita. Assim, aqui também temos uma coluna direita e uma esquerda (elas, de fato, são chamadas assim), situadas simetricamente uma diante da outra; com um exercício semelhante ao do cigano, elas fariam surgir uma terceira coluna no meio, sendo esta a verdadeiramente viva e essencial. Acontece que a árvore da vida tem efetivamente essa coluna do meio e as esferas sobre ela têm, na realidade, a função de unificar no seu interior as duas vizinhas exteriores e levá-las ao equilíbrio harmonioso.

No esboço adiante, podemos perceber que a coluna do meio está um pouco deslocada para cima ou para baixo (como queira) e contém uma quarta esfera. Isso já não se ajusta muito bem ao sistema descrito. Talvez signifique simplesmente que o mais alto (a esfera superior — *kether*) está situado num nível novo e "inacessível".

Há ainda outra coisa referente ao nome "cabala" (da qual provém esta árvore), que indica ter a árvore servido para viajar. Etimologicamente ainda se reconhece o parentesco dessa palavra com o termo "cavalaria", e a sua semelhança com a palavra "cavalheiro". Mas esta provém de "chevalier", que significa "cavaleiro". Assim, originariamente, o "cabalista" deve ter sido, antes de tudo, um "cavaleiro andante".

Já encontramos a união dos ideais da cavalaria exterior e interior nos Templários, cujos regulamentos para a Ordem foram formulados, de maneira bem consciente, com base nesses dois ideais, pelo seu pai espiritual, Bernardo Claraval; os cavaleiros do Graal também uniam em si esses dois princípios.

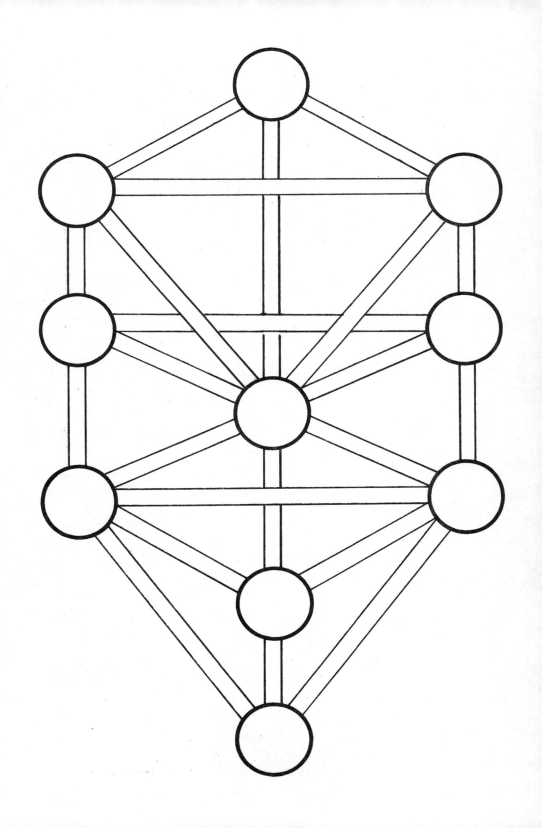

O MUNDO DO MEDO E DAS SOMBRAS

Entre as viagens que partem do mundo exterior dos padrões geométricos para o mundo interior dos padrões misteriosos da alma, a mais simples é provavelmente a dos ciganos. Não há nenhuma objeção a que você também faça um jardim de iniciação e comece a viajar. Não deve, porém, sentir-se pressionado a fazer isso. Ouça o seu interior e tente perceber se isso o atrai. Essa é apenas uma das maneiras de meditar e talvez nem seja a sua.

Pelas minhas experiências, você não precisa ter medo. Seja o que for que venha ao seu encontro, só poderá vir de dentro de você mesmo, embora isso possa por vezes ser assustador e desagradável. Mas, afinal de contas, algum dia você terá de enfrentar tudo isso aceitando-o como responsabilidade sua. Se a coisa já existe, é melhor, na minha opinião, conhecê-la, aprendendo também a aceitá-la. Pensando a longo prazo, isso é até mais agradável do que reprimi-la sempre para o inconsciente, tendo depois que vivenciá-la, de modo repentino e inesperado, nesta vida, que julgamos ser a verdadeira.

A pergunta em relação ao perigo da meditação da mandala (mas também de qualquer outra meditação) só pode, na verdade, ser respondida em princípio: ela é tão perigosa quanto a criação (pois esta é representada pela mandala), ou, de modo mais concreto, tão perigosa quanto a vida (pois esta sempre termina com a morte física), ou, de maneira ainda mais concreta, tão perigosa quanto aquele que medita, pois, na pior ou na melhor das hipóteses, ele acabará se encontrando consigo mesmo.

Em outras palavras: você nada tem a temer, a não ser a si mesmo. E se tiver motivos para ter medo de si, sempre será melhor você contemplar a sua sombra mais escura do que se transformar nela algum dia.

Desde o pecado original o homem está como seu cérebro (esquizo-freno) cindido e o resto também. Quando a psiquiatria o classifica com esse diagnóstico, significa simplesmente que a outra metade (a sombra) assumiu o comando ou está prestes a fazê-lo. A sombra também tem uma voz e — graças a Deus — ela também é audível. Talvez até seja bom ouvi-la de vez em quando, antes que o psiquiatra precise fazê-lo (a ele, na maioria das vezes, ela não diz muita coisa).

A referência aos possíveis perigos não deveria desanimá-lo, uma vez que o pronunciamento dessas verdades — há muito conhecidas — não mudou nada, pois, antes disso, elas existiam do mesmo modo. Só um homem muito inconsciente pode se assustar diante da idéia de ter de morrer. Em vez de nos assustarmos com fatos banais, deveríamos simplesmente meditar se vivemos conscientemente essa questão.

As histórias de santos e mestres realizados, de qualquer tradição, podem nos fazer compreender que cada minuto da vida é mortalmente perigoso — sim, até mesmo a cada segundo o "velho Adão" poderia morrer.

A mandala hindu da página seguinte é um iantra dedicado à deusa Kali, representando, portanto, a metade escura da criação.

A MANDALA NO MUNDO DOS ÍNDIOS

Ao nos voltarmos para o *círculo* cultural dos índios, não encontraremos, nem de longe, mandalas tão magníficas quanto as rosáceas. Os índios não deram às suas mandalas, nem mesmo formas permanentes, com exceção das suas moradas (as tendas típicas e os "pueblos"). Em compensação, conservaram vivas, de maneira consciente, as mandalas, que deram origem à sua cultura ou desapareceram junto com elas. Até hoje não foi possível atrair os índios para o nosso progresso, e onde eles tentaram dar esse passo perderam o contato com suas raízes. Para podermos vivenciar as suas mandalas de areia,* precisamos nos ocupar um pouco com as bases da vida indígena, o que muito nos auxiliará no caminho das mandalas.

Para o índio, a criação é a manifestação da harmonia, e nela ele reconhece a lei da polaridade, assim como a subseqüente lei do quaternário: ele reconhece, exatamente como os nossos antepassados, a dependência e combinação dos quatro elementos e das quatro estações do ano, dos quatro pontos cardeais, das quatro fases da vida e das quatro raças humanas. Para o índio quando um dos quatro pólos abandona a ordem, todo o equilíbrio é perturbado. Por exemplo: desde que as quatro raças humanas combatem entre si, em vez de se complementarem, a natureza, com suas estações do ano, saiu de seu ritmo e, com suas catástrofes, nos obriga a retornar (o que para nós não é também uma idéia inteiramente nova).

O índio trata de se manter, conscientemente, em harmonia com a natureza e de aprender com ela. Assim, ele compreende as pequenas e grandes ocorrências do seu ambiente natural, tirando delas conclusões sobre o mundo (do mesmo modo que os astrólogos tiram das constelações celestes conclusões sobre outros níveis). Ele aplica igualmente essa concepção a si mesmo. Assim, um índio conhece toda a história da vida do outro pela sua aparência exterior e pelos seus sinais. O interior é conscientemente projetado para fora. E por que

---

* Muito do que se descreve aqui você encontrará, com mais pormenores, no livro de David Villasenor, *Mandalas im Sand* [Mandalas na areia], Hugendubel, Munique, 1975/1983. Nessa obra, você poderá conhecer ainda muito mais sobre as mandalas de areia e os seus criadores.

deveria manter alguma coisa em segredo, se o Grande Espírito já sabe, de antemão, o que se passa no coração dele? O índio também copia da natureza todas as suas concepções de educação e formação. Da mesma forma que o filhote de passarinho inicialmente é sustentado pelos pais, depois ensinado pelo princípio da imitação, para no final ser deixado sozinho, o jovem índio, no ritual da puberdade, se vê repentinamente abandonado, devendo cuidar de si e assumir responsabilidades. Do mesmo modo que os animais se adaptam à natureza pelo seu comportamento, e até mesmo pelo mimetismo das cores, assim também o faz o índio desde a infância. Mas, enquanto espreita e observa a natureza, ele precisa aprender a ficar tranqüilo, em silêncio (interrompendo inclusive — na versão esotérica — o diálogo interior). Muitas vezes, eles permanecem calados, mesmo quando reunidos em grupos. Imagine uma coisa dessas num dos nossos eventos sociais!

O índio vive conscientemente com os ritmos da natureza fazendo analogias com sua vida. O dia e a noite são para ele as imagens da vida e da morte. Na alvorada, ele vivencia o nascimento e, no crepúsculo, a morte. Alvorada e crepúsculo são para ele igualmente belos e queridos.

Entre nós, ainda há uma certa preferência por um destes estados transitórios do dia: nada é tão fotografado quanto o crepúsculo! Certamente trata-se de um conflito inconsciente com a morte, normalmente afastada para bem longe.

O índio testemunha e venera tanto o primeiro surgimento da luz como a sua despedida; nascimento e morte são igualmente bem-vindos. Assim como a noite proporciona acesso a outras experiências, depois da morte ocorre algo semelhante. Cada dia, dessa forma, reflete a sua vida, e cada ano, com o ritmo das suas estações, é uma imagem da vida para o índio. A energia do sol, durante as quatro estações, reflete para ele exatamente a energia nas suas quatro fases da vida. Assim, ele se encontra no centro de uma mandala constituída de muitos círculos concêntricos menores e maiores, mas todos análogos e expressão de um *único* centro.

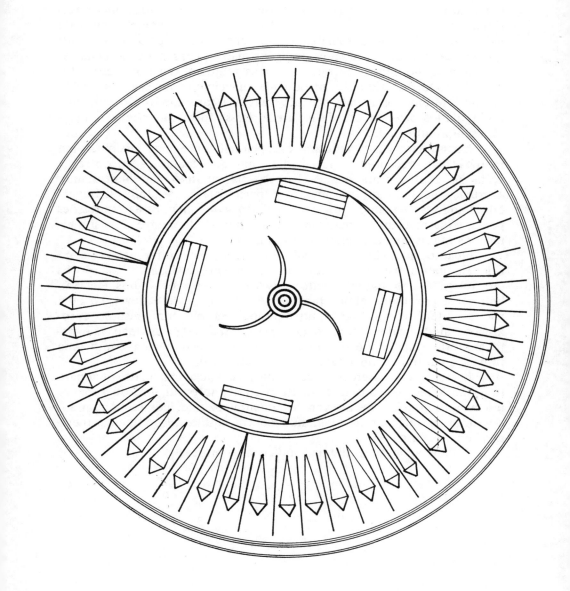

Muitas coisas naturais da vida dos índios revelam, comparadas com o nosso respectivo comportamento, o quanto nos afastamos do centro. O índio recém-nascido não é arrancado do seu mundo, até então harmonioso e protetor (simbolizado pela mandala da bolha embrional) com pancadas no traseiro; pelo contrário, a mãe pressiona os lábios na sua boca soprando-lhe assim o primeiro alento de vida, de modo muito semelhante ao representado pelo nosso mito bíblico da criação. A criança indígena não apenas pode permanecer mais tempo no centro harmonioso, mas também, daí por diante, tudo é feito no sentido de introduzi-la suavemente no seu novo ciclo de vida. Mesmo os rituais não tão suaves e carinhosos, são pelo menos imitados diretamente da natureza. Dessa forma, a criança se mantém sempre integrada.

Nossas crianças vivenciam excepcionalmente algo assim — em tempos mais recentes — na medida em que tentamos encontrar a volta ao centro. Para nós é algo especial quando não maltratamos a criança na hora do nascimento ("parto suave" segundo Leboyer) ou quando a deixamos junto à mãe (*rooming in*). Essas expressões por si só já revelam o quanto estamos distantes do centro. Por si mesmos, os índios jamais o teriam abandonado.

Quanto mais diversa é a vida no início, mais diferente ela é no fim. Enquanto nas nossas culturas "altamente civilizadas" os idosos são relegados ao esquecimento e isolados, entre os índios eles são honrados, porque a velhice para eles é o tempo da sabedoria, no qual não se interfere mais tanto no mundo, mas em compensação aproxima-se ainda mais do centro do círculo vital. Algo análogo vale para a morte. Ela não é nenhum horror, e é reconhecida como uma transição natural da alma para outra forma de vida.

Entre nós se oferece a ela toda resistência imaginável: enquanto o índio entoa conscientemente a sua canção fúnebre ou procura um lugar solitário para morrer, totalmente sozinho, nós lutamos usando todos os recursos deste mundo contra aquilo que, afinal, é inevitável e necessário.

Pinte agora uma mandala indígena da morte.

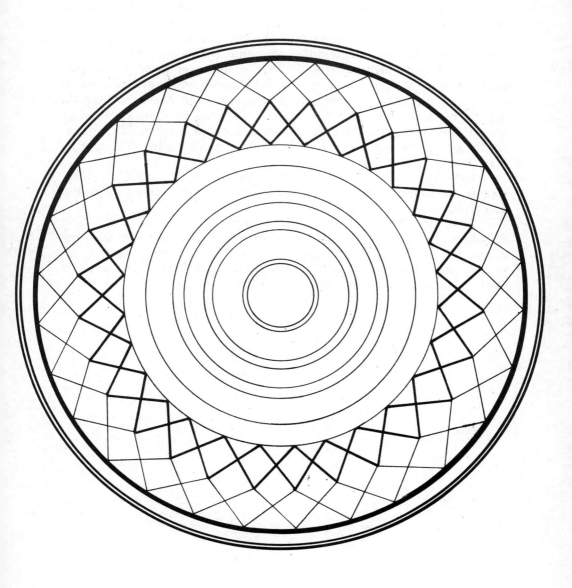

Enquanto o índio se interessa pelo centro da mandala, nós damos ênfase aos seus contornos, e ficamos terrivelmente desiludidos quando as diversas luzes, belas e coloridas, se transformam novamente numa única luz branca.

É o mesmo ritmo que faz a semente se transformar em flor e esta de novo em semente. O índio aceita esse ritmo e o venera.

Nós, ao contrário, queremos interromper todo o jogo cósmico, arrancando a flor, por exemplo, só porque a achamos bela.

Essa mesma atitude deixaria livre o meio da mandala, ao pintá-la, porque ali no ponto primordial tudo volta a desaparecer. É também a atitude que pretende interromper a roda da fortuna da décima carta do tarô num ponto que nos agrada (o nosso ego) — que almeja, portanto, apenas a felicidade e rechaça a infelicidade, querendo só a luz e não a sombra, só o dia e não a noite, só viver e jamais morrer.

Esse é o caminho mais seguro para cimentar a cisão da consciência, o caminho para a dualidade e, conseqüentemente, para o desespero.

A única alternativa seria aceitar a unidade de todas as coisas e, sobretudo, de todos os pares de opostos, reconhecendo que sem noite não haveria dia, sem expiração nenhuma inspiração, sem depressão nenhuma prosperidade, sem sombra nenhuma luz, sem paz nenhuma guerra, sem preto nenhum branco.

Como quase todos os povos primitivos e também antigas culturas adiantadas (egípcios, incas), os índios adoram a mandala-sol, por reconhecerem que só este torna possível a vida. Praticamente em todas as culturas havia a orientação (= Oriente) pelo ritmo do sol e, mesmo na nossa época, lhe damos a maior importância — basta pensar o quanto a nossa vida é determinada pelo horário. Qualquer relógio, mesmo o mais moderno, é, em última análise, um relógio de sol e, por conseguinte, uma mandala.

Nos últimos tempos, surgiu entre nós um "relógio antiestresse" colorido, onde o tempo é lido apenas aproximadamente. Um "relógio antiestresse" muito mais simples e natural é o sol. Tente um dia — por exemplo, nas férias — orientar-se simplesmente apenas por esse relógio e, desse modo, retomar o contato com o relógio natural e interior a que toda a natureza obedece.

O RELÓGIO DAS CORES DO SOL

Pinte esta mandala simples de doze espaços usando as cores correspondentes aos estágios do sol. Você pode colocar a aurora à esquerda, do lado de fora, onde no horóscopo está situado o Ascendente (seria na posição do "9" no mostrador do relógio) e o crepúsculo no lado oposto, no lugar do Descendente (na posição do "3" do mostrador). Lembre-se que, já antes da aurora e após o crepúsculo ainda há muita luz e, portanto, muitas cores no céu.

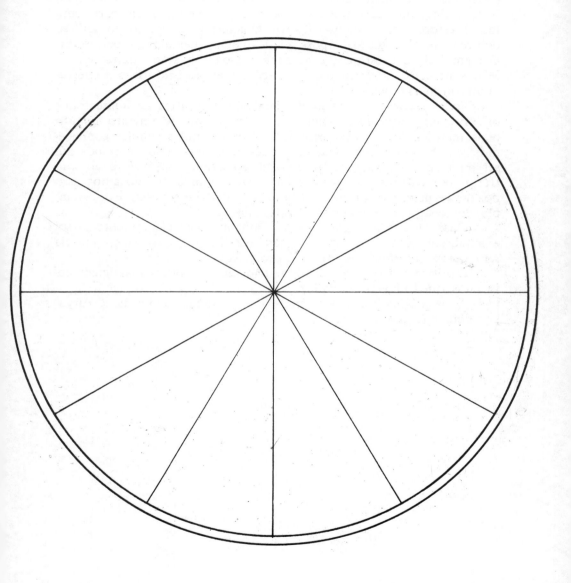

A veneração do sol ocorre, ainda mais nitidamente, no ritmo do ano. De fato, festejamos o solstício de um modo bastante inconsciente, no Natal, por exemplo, mas, a maioria das pessoas ainda orienta as suas férias de acordo com o sol. Levas de milhões de turistas, efetivamente comparáveis às antigas migrações de povos (eles também se dirigiam quase sempre para o sul), peregrinam, em parte com muito esforço, ao encontro do sol. Quando a "adoração do sol" só ocorre a nível externo, é possível ficar bem queimado: a pele se ergue em bolhas e estoura, e assim a pessoa "se abre inteiramente". Menos dolorosa, mas, em compensação, mais satisfatória é a abertura interior para a luz.

Pode-se constatar, de modo geral, que a prática de quase todos os princípios está relacionada com tanto mais sofrimento quanto mais material for o nível escolhido. Nos exemplos simples conhecemos isso bastante bem. Quando desabrocha em nós o amor por um ser humano, isso pode nos transportar ao sétimo céu, mas se, ao contrário, nos entregamos às guloseimas como substitutos do amor, isso nos leva apenas à aflição da obesidade. Pode-se ampliar esse exemplo, como a queimadura de sol já nos mostrou.

Quase todos os seres humanos amam, inconscientemente, o sol e se abrem de todo o coração para ele. E que outra coisa poderia ser o amor senão abrir-se, tornar-se receptivo?

Intuitivamente, o sol lembra, não só aos índios mas igualmente a nós, que somos filhos da luz.

Na página seguinte, vemos uma mandala dedicada a Surya, o deus solar dos hindus.

Os índios têm para com a luz da noite a mesma atitude de respeito que devotam ao sol. O sol e a lua são para eles a manifestação da polaridade e, por isso, se equivalem. Eles expressam também essa polaridade fundamental muito claramente nas suas mandalas. Existem dois grupos: mandalas do dia e da noite. O ritual do dia tem início após o nascer do sol e deve concluir-se no crepúsculo. O ritual da mandala da noite começa, ao contrário, após o ocaso do sol e é concluído antes do seu nascimento.

Em todas as culturas antigas atribuiu-se também grande importância à mandala-lua. Sendo ela o aspecto feminino da luz, perdeu, em nossa cultura industrializada e dominada por símbolos masculinos, ainda mais da sua importância do que a mandala-sol. Todos os povos ainda ligados à natureza, no entanto, vivem com o ritmo da lua e plantam e colhem segundo a fase lunar. Mesmo entre nós, que ignoramos a maioria dos ritmos da natureza, o ritmo da lua ainda se faz sentir, pelo menos nos seus pontos mais extremos.

Os psiquiatras sabem, por experiência própria, que os plantões noturnos são mais estafantes na lua cheia, porque, nesse período, de repente, todos os pacientes "se fazem de doidos". As pessoas sensíveis também observam mudanças no sono, quando as energias lunares atuam mais fortemente. Os ginecologistas, cuja tarefa é cuidar justamente do aspecto feminino e lunar, sabem que, na lua cheia, nascem muito mais crianças, e que o ciclo de vinte e oito dias da mulher corresponde exatamente ao ciclo lunar, sendo perfeitamente ajustado, nas situações normais. Se, nas mulheres "modernas", tal ciclo é muitas vezes irregular, isso revela que o seu ritmo foi perturbado e elas não estão mais em harmonia com o seu meio ambiente natural.

A desvalorização da lua como expressão da metade feminina da polaridade (à direita do cérebro) é encontrada também na nossa apreciação do "maravilhoso domingo" [em alemão "Sonntag" = dia do sol] e da "terrível segunda-feira" [em alemão "Montag" = dia da lua].

O desprezo pelo aspecto lunar — talvez o mais substancial pelos seus efeitos — é o desprezo pela noite e pela vida nela existente. Passamos quase um terço da nossa vida nos reinos inconscientes dos sonhos e do sono. E, excetuando a psicoterapia, ignoramos completamente essa parte da vida. São novamente os chamados "primitivos" que nos mostram ser possível viver com os sonhos, aprender a sonhar e até acordar no sonho. Também para o índio os sonhos desempenham papel decisivo. Ele lhes dispensa muita atenção e eles influem de maneira eficaz no seu cotidiano. Assim, antes de tomar determinadas decisões ele aguarda primeiro as correspondentes indicações provenientes dos sonhos.

Se você começar agora a conviver com as mandalas, é possível que isso atue também sobre os seus sonhos — você encontrará neles cada vez mais mandalas.

Na psicologia junguiana foram descritos vários casos de sonhos de mandalas e labirintos, e já sabemos também que Jung considerava as mandalas dos sonhos como fatores terapêuticos em situações críticas.

Não é necessário esperar pelas crises para nos abrirmos para essas energias terapêuticas universais. O contato com estes modelos irá ativá-las no seu inconsciente, sobretudo durante a noite. As mandalas podem surgir, não apenas em sonhos isolados, mas, com o tempo, você perceberá que por si só a vida dos sonhos corresponde a uma mandala, exatamente como vimos no mito do Graal, com relação "a vida": todos os sonhos se agrupam ao redor de um centro — o seu centro — exatamente como todos os eventos da vida se ordenam ao redor de um centro -- o mesmo centro.

O MUNDO DO RITUAL

Com os índios, podemos vivenciar algo muito importante. Trata-se de uma coisa que, entre nós, leva uma existência miserável na sombra apesar de nos manter vivos: o ritual.

A vida do índio é cheia de rituais. Poder-se-ia mesmo dizer que ela *é* um ritual.

Rituais são representações analógicas. Isso vale para todos os rituais: sejam as cerimônias de sacrifícios dos "pagãos", judeus ou cristãos, o ritual da mandala dos indígenas ou qualquer outro. A vida a partir do ritual, da vivência consciente e da reprodução ritualizada de analogias, leva-nos à integração e ao equilíbrio com as forças da natureza. Leis como a que afirma que dar corresponde a receber — que expressamos de forma mais científica, como ação = reação (actio = reactio), ou nas fórmulas da conservação de energia da física moderna — são uma experiência viva para o índio. Ele sabe, porque lê na natureza que, para tudo o que recebe, ele precisa dar algo em troca. Assim, ele não toma mais do que realmente necessita, e sempre com respeito. Essa é certamente a explicação para o fato de todas as culturas indígenas e análogas não terem tido nenhum progresso segundo o nosso ponto de vista.* Elas se mantiveram integradas na mandala, até chegarem nossos missionários, influenciando, extorquindo e retirando-os com violência ou habilidade psicológica do seu círculo. Mas este não é o momento nem o lugar para sentimentos de culpa, pois também isso estava "na ordem das coisas", tendo sido até previsto pelos profetas e pelos santos das respectivas culturas — e essas profecias foram aceitas. Aqui também se revela a mandala: o caminho sai do centro em direção ao caos e depois retorna. Povos inteiros, nesse particular, vivem a parábola do "filho pródigo". E, exatamente como o filho pródigo, pode-se perder exteriormente tudo, mas a consciência de um único centro é mantida e leva, finalmente, de volta ao reino do centro.

Como o índio orienta a sua vida, por um lado, com muita severidade, de acordo com os ritmos determinados pela natureza, e,

---

* O filme *Koyaanisqatsi*, de Godfrey Reggio, elucida isso com imagens impressionantes.

por outro, a mantém em movimento devido ao seu modo flexível de viver (sem casa própria, nem propriedades pessoais), ele também foi capaz de preservar dos perigos da fossilização seus rituais e mandalas.

Nós, ao contrário, tendemos a ignorar os ritmos determinados pela natureza e, em vez disso, permitimos que as nossas vidas degenerem em rituais inconscientes e rígidos. Pois nem os rituais, nem as mandalas se deixam eliminar. Assim temos, na verdade, ainda mais maravilhosas mandalas nas rosáceas mesmo tendo se tornado cascas mortas, porque quase não há mais seres humanos capazes de reavivá-las dentro de si.

Ao contrário, as mandalas indígenas se extinguem, em sua forma exterior, o mais tardar após doze horas; em compensação, continuam a viver no índio. Nesse caso, a cerimônia é realizada como "medicamento", como iniciação e santificação. Para o índio, o remédio é algo bem diferente do que é para nós, quase o oposto. Ele reflete no índio a incondicional confiança na criação, no Grande Espírito — ele se entrega a ele. Isso fica mais claro na morte. Enquanto o índio se retira voluntariamente para morrer, nós tentamos tudo para nos mantermos vivos.

O índio vive no círculo, orientado para o centro. No fim da cerimônia da mandala de areia, ele se senta no centro do círculo e é encantado pelo xamã, tornando-se assim o centro do mundo, o altar, a divindade. Nesse momento, o pajé, o já iniciado, transfere a mandala para o "paciente", pondo as mãos umedecidas sobre a areia da mandala e, em seguida, sobre o corpo daquele que está sentado no centro. Dessa maneira, a ordem divina consolida-se no "paciente" e este encontra, também dentro de si, o seu centro.

Percebe-se aí a grande semelhança com os diversos exercícios de terapia grupal, nos quais um dos participantes também permanece no meio recebendo, de um modo ou de outro, a energia de toda a mandala.

Depois de transferir a mandala para o homem, o pajé apanha um pouco da areia e espalha a primeira parte no leste, as seguintes no sul, oeste e norte; finalmente, oferece outra porção ao Pai do Céu, devolvendo a última à Mãe-Terra. O que já conhecemos de outras tradições é aqui parte também do ritual, da mandala dinâmica. Essa forma é de tal modo sagrada para os índios que, ao representarem esse ritual para não-iniciados, eles se alienam completamente, chegando até a se transtornarem: por exemplo, confundem os pontos cardeais, podendo fazer do círculo mágico, que gira para a direita e corresponde ao movimento natural da terra, um círculo que gira para a esquerda, relativo ao princípio oposto.

Podemos deduzir disso como são sensíveis os rituais e, portanto, as mandalas, e como facilmente podem ser despojados do seu sentido e significação originais. Não tanto por "falhas" inconscientes, mas por cargas mentais conscientes.

Nem por isso precisamos ter medo de criar eventualmente mandalas erradas. Não existe "errado" e "certo", mas apenas aquilo que corresponde à situação. Se as nossas mandalas giram sempre para a esquerda, não há motivo para nos preocuparmos; ao contrário, é melhor reconhecermos isso. Não há uma direção melhor do que outra, pois a solução não está em nenhuma delas, ela está no meio.

Os índios acreditam que cada obra de arte e cada ritual é a expressão e a imagem do Grande Espírito. Desse modo, cada ritual de mandala tem uma moldura solene e exige cuidadosa preparação: purificar-se intensivamente, jejuar, suar, vomitar, abstinência sexual e vigília solitária. O índio acredita contatar desse modo uma energia que se serve dele para criar mandalas, consagrar o paciente e curá-lo.

Consciente ou inconscientemente, há por trás de todos esses preparativos o propósito de tornar-se vazio; neste vazio, é possível achar a fonte de uma única energia. Tudo o mais abandona, por assim dizer, o corpo, permanecendo apenas a essência; esta cria então a mandala que, por seu turno, reflete a essência no seu ponto central, no seu centro energético.

Enquanto o pajé se prepara interiormente para a cerimônia (pois ele é convocado ao ritual como iniciado), ele procura exteriormente os recursos necessários como areia, raízes e corantes. Ele só utiliza coisas que se encontram no seu meio ambiente, obedecendo nisso também, o máximo possível, ao simbolismo e à analogia. Se for, por exemplo, um ritual de fecundidade, ele usará muito amarelo, a cor clara da primavera; e a substância do amarelo é, além disso, o pólen, outro símbolo da fecundidade.

Se continuarmos a acompanhar o pajé durante o ritual, poderemos vivenciar, pelo exemplo, o que significa a cura:

A princípio, há um momento de intensa concentração. Todos os sentidos são "aprisionados" e orientados numa direção determinada, isto é, para o único objetivo, o único centro. A orientação dos sentidos é decisiva em cada ritual. Em todas as outras culturas encontramos também recursos semelhantes. A visão do índio é centrada pelas formas e estruturas da mandala. Sua audição é orientada por meio de cânticos falados e monótonos; no fogo sagrado, queimam-se ervas aromáticas e tomam-se drogas para expandir a consciência. Além disso, o pajé executa ainda toques rituais com uma pena de águia sobre certas partes da pele do paciente, que passa a ser então o próprio altar do ato sagrado e, por isso, se senta no centro. De modo semelhante ao que se passa numa hipnose terapêutica, o paciente entra em transe. A diferença é que o pajé não faz uso da sugestão. Seus recursos para concentrar a consciência num único ponto são muito mais sutis, porque estão totalmente em harmonia com o meio ambiente do índio e em uníssono com o seu cosmos.

Como em tudo os índios sempre ouvem o Uno, uma única melodia divina, eles também tratam, nessas cerimônias, de animais, considerados por eles seus irmãos, e até mesmo da natureza (fazendo chover).

Se olharmos para as outras culturas, encontraremos correspondências espantosas. Nas nossas igrejas, sobretudo nos domos e nas catedrais góticas, o olhar do fiel também é apanhado pelas imagens e cores das janelas e pela imponente impressão das grandes rosáceas e das imensas abóbadas. Os corais cantam fazendo invocações que, pela sua monotonia, centravam outrora o espírito das pessoas mais do que atualmente. Toda a estrutura da catedral gótica eleva o espírito e dirige a atenção para o centro da cruz da igreja, onde está situado o altar no qual se realiza a transubstanciação. O ato de beber o vinho e de comer o pão aproxima ainda mais o fiel. Ao redor do altar, queima-se o incenso, que envolve o olfato e conduz o espírito, junto com a fumaça, para o alto, de modo semelhante aos arcos ascendentes pontiagudos.

Nos rituais de outras regiões modifica-se quase sempre os recursos, que dependem da cultura em questão, mas a concentração dos sentidos está sempre presente; assim, no lugar do incenso granulado temos as varetas ou as velas de incenso ou os perfumes florais; os hindus cantam mantras ou ouvem o cântico falado do pandita, recitando os Vedas, enquanto, na igreja ortodoxa, os fiéis acompanham a monotonia da oração do coração, os católicos rezam o rosário e os muçulmanos se centram através dos ornamentos simétricos. Todos os objetos e prescrições rituais estão, em última análise, a serviço do *Uno*, a fim de atrair para si o espírito, possibilitando assim a *transformação*. Quanto mais *concentrado* é um ritual e quanto maior é a sua aproximação da harmonia da mandala cósmica, maior é a possibilidade de ocorrer a cura, a reintegração.

Se um dia nos permitirmos abrir realmente os olhos, descobriremos por toda parte rituais que cunham de modo inconsciente a nossa vida aparentemente tão racional. E isto é — como tudo o que é — exatamente como deve ser, porque jamais poderemos eliminar o ritual; no melhor dos casos, podemos apenas deixá-lo de lado, onde depois — como tudo o que é reprimido — continuará como sombra. A sombra, porém, também vive, só que de modo inconsciente, e um dia acabará encontrando uma brecha para vir à luz.

Nessas circunstâncias, surgem repentinamente ações impulsivas, e que outra coisa pode haver por trás de um impulso de lavar-se constantemente senão um ritual de purificação que, "totalmente incompreensível" para o paciente e para o seu psiquiatra, irrompe das profundezas e, graças a Deus, não pode ser mais reprimido através da medicina? Mas não precisamos chegar a esse extremo. Nossa sociedade está repleta de rituais obrigatórios. O que se passa então, quando precisamos verificar por duas vezes se a porta está fechada, se o bom senso diz que uma única vez seria suficiente? O que será que está por trás de todos os nossos tiques e pequenos movimentos sem sentido, mas continuamente repetidos? Por sorte, ainda não conseguimos eliminar essas coisas. Elas são a compensação necessária dos rituais que se perderam e que esquecemos de executar conscientemente.

Vimos como os rituais religiosos das diversas culturas se assemelham pelos seus princípios, justamente porque visam a mesma coisa. Mesmo nos tempos modernos, esses mesmos princípios continuam atuando de maneira singular.

Tudo o que cura é um ritual, ou então não cura.

Expresso de modo tão enfático — e ainda por cima por um médico — pode parecer-lhe estranho, mas vamos considerar nesse caso a nossa situação: do mesmo modo que o índio que adoeceu no seu meio ambiente natural é novamente curado pelos recursos e símbolos desse meio, nós que adoecemos devido ao nosso meio ambiente tecnicizado, racionalizado e insensível, somos tratados pela indústria da saúde — só que aí quase não nos tocam mais com as mãos, pois já desaprendemos a nos tocar mutuamente.

Até aqui, tudo em ordem, e não há o menor motivo para combater a nossa medicina moderna — como, de resto, não há razão para combater seja o que for. O princípio da homeopatia (cura-se o semelhante pelo semelhante) se conserva, e o ritual é como deve ser.

Se mudarmos, paralelamente mudará também a nossa medicina. Cada um de nós descobre a sua correspondência, do mesmo modo que cada índio procura e encontra o seu remédio. E, por mais diferente que este nos pareça, não o é, pois o princípio atuante permanece o mesmo: o ritual.

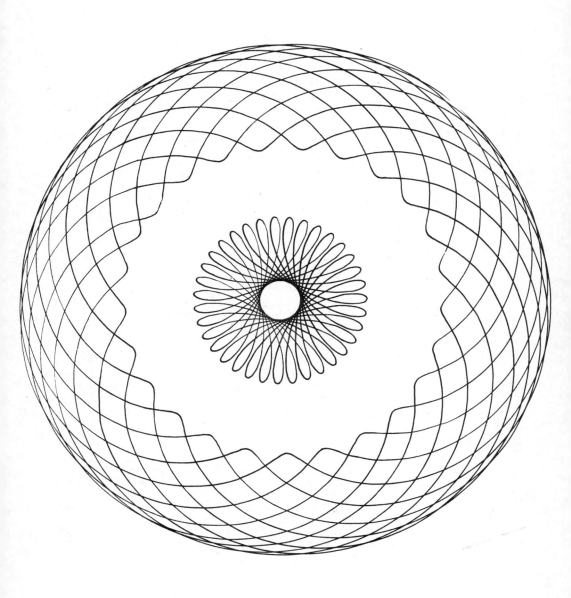

UM MODERNO RITUAL DE CURA

Lembre-se das circunstâncias em que procurou pela última vez um médico.

Você tocou, um pouco tenso, a campainha; uma mulher toda de branco abriu a porta e você entrou. Logo foi envolvido por um cheiro particular, especial, de "remédio". Precisou fazer o seu registro e, em seguida, aguardar até que *ele* viesse. Para isso, sentou-se em *círculo* ao lado de outros "pacientes" com as mesmas expectativas. Depois de algum tempo — quase sempre longo — chegou a hora; *ele* entrou — vestido também todo de branco — no meio do círculo e o tirou dessa grande roda, pois era a sua vez. Essa seqüência de fatos foi severamente acompanhada por você durante uma hora inteira, visto que você queria ser atendido o mais rápido possível. Chegou então o momento. Ele o levou consigo para um recinto menor, porém mais importante, e que, como sinal da sua importância, estava repleto de aparelhos e objetos estranhos, de cuja significação você sabe muito pouco ou nada. Ele, porém, manejava-os com habilidade e consciência. Dessa forma, não restava mais do que confiar plenamente, relatar tudo abertamente e se entregar. E você estava certo; ele o entendeu e soube logo o que lhe faltava e, como prova disso, pegou uma caneta e pintou com a rapidez do vento e onírica segurança, num pequeno papel branco, alguns sinais de cujo significado verdadeiro você não fazia a menor idéia, mas que estavam todos ali para você. Agora você tinha o seu "remédio" e, embora não conseguisse decifrar os rabiscos mágicos do seu médico, aquele outro mago, também todo vestido de branco para o qual você se dirigiu depois, podia entendê-lo e lhe deu em troca do seu papel uma misteriosa caixinha com um nome latino igualmente incompreensível.

Em casa, você engoliu então as pequenas pílulas miraculosas, e embora não tivessem muito sabor, você notou imediatamente que "algo" acontecera. Sentiu-se mais relaxado, quase não se importando mais com os comichões em seu corpo. Usando o "remédio" correto, você pôde se livrar de todas essas ninharias, fortalecendo a convicção de que "tudo está em ordem", porque se sentiu compreendido e acolhido pelo *seu* pajé. E, quando novamente algo não estiver em ordem, você simplesmente se dirigirá a ele e ele então colocará tudo em ordem (outra vez).

Tudo o que produz efeito é ritual, sendo assim, essa descrição não foi feita com a intenção de fazer troça. Muito pelo contrário, trata-se de uma tentativa de retornar de modo consciente ao ritual. É igualmente correto procurar a cura numa igreja, num consultório médico ou num ritual com a mandala de areia.

Enquanto o ritual funcionar, tudo estará, de fato, em ordem. Muito mais "perigoso" é continuar perscrutando os rituais visando eliminá-los... Só porque somos tão racionais e esclarecidos. Se a medicina atual abrir mão das "drogas", em pouco tempo ela estará de mãos vazias diante dos pacientes.

Para aqueles que ainda acreditam no efeito cientificamente exato da medicina moderna, queremos referir o fato de que a ciência — astuta como é, sem dúvida — já está descobrindo as suas próprias artimanhas: constatou-se, nas chamadas "experiências com o placebo", que o efeito de muitos psicofármacos é bastante semelhante ao do placebo. Sem que o paciente saiba, os placebos não contêm nenhum "medicamento químico".

Não quero aqui pôr em dúvida, de maneira global, a eficácia das drogas medicamentosas; elas apenas nada têm que ver com a "cura". De resto, se você crê firmemente no remédio químico, fique com ele. Talvez seja a sua última crença, e esta também atua se for revestida de um ritual. Além disso, o que dissemos é válido não só, mas também para a medicina. Basta pensar no ritual que está por trás de um processo judiciário.

Por sorte nossa — como já vimos — não conseguimos eliminar totalmente os rituais. Basta olhar à nossa volta para redescobri-los, desde que estejamos abertos para isso. Hoje, porém, precisamos estar muito mais atentos pois eles se realizam ocultos no reino das sombras, ao passo que antigamente eram celebrados de maneira aberta nas catedrais.

Do ritual dos índios, vamos extrair ainda uma última verdade: não lhes interessa a individualidade, o ego dos participantes. Muitas vezes, seus rostos estão ocultos por máscaras. Não é o pajé quem cura, mas sim "aquilo" que atua através dele. Ele se torna o instrumento do *Uno*, porque é capaz de se libertar do seu ego, ou seja, por que se deixa ficar vazio. Neste vazio, o *Uno* pode atuar e o índio confia em que o *Uno* sabe melhor do que ele e que seu pequeno e restrito campo de visão, aquilo que vai acontecer.

Ele confia no grande círculo:

"Seja feita a Vossa vontade!"

NÍVEIS ENERGÉTICOS

Retomar os rituais históricos de antigos povos e culturas, inclusive os dos índios, seria muito difícil e talvez nem tivesse sentido, porque só chegaríamos a imitações mais ou menos lastimáveis. Por outro lado, elas podem nos ajudar a reconhecer os princípios gerais do ritual, permitindo-nos descobrir o caminho para os rituais e as mandalas compatíveis com o nosso tempo e meio ambiente, tornando-nos assim outra vez receptivos para o nosso centro.

Nesse centro está situado o tudo ou o nada, dependendo do ponto de vista com que o observamos. Nele podemos vivenciar também aquela inimaginável força e energia que mantém unido o microcosmo homem. Quanto mais nos aproximamos deste ponto central tanto mais poderosa se torna a energia.

Observando um pouco mais de perto o paralelo deste fenômeno no macrocosmo, teremos uma maior sensibilidade para as grandes energias com que lidamos ao nos ocuparmos com mandalas. No macrocosmo, o poder e a energia também se tornam tanto maiores quanto mais nos aprofundamos e quanto mais sutis vão se tornando os níveis. Um bom exemplo disso é a guerra, "a mãe de todas as coisas", como dizia Heráclito. Com base na destruição, podemos aprender muito sobre energias: comecemos num nível muito grosseiro dando um soco no rosto de um "inimigo". Isso se torna um pouco mais sutil e eficaz ao usarmos o avanço da física, atingindo-o na barriga com uma diminuta esfera de chumbo. Ainda mais eficaz seria se passássemos para o nível mais aprimorado da química e usássemos veneno. No mesmo nível, porém ainda mais sutil — visto que trabalhamos apenas com moléculas — seria o gás ou o material bélico bacteriológico. Se avançarmos até o átomo e, mais ainda, até o seu núcleo, chegaremos à energia nuclear e assim à bomba atômica.

Todos já devem ter tido uma experiência semelhante: basta lembrar-se de uma situação na qual causamos muito mais estrago com uma única palavra do que teríamos causado com um soco.

Desse ponto de vista, podemos trabalhar com a mandala, em qualquer nível energético, dependendo do quanto seguirmos a sua tendência para o centro.

Energia não se avalia; ela não é nem boa nem má ou é, a um só tempo, boa e má. No ponto central, este problema não existe. Lá tudo é energia, isenta de valor, do mesmo modo que a luz interior do centro não tem cor, mas contém todas as cores.

Crie agora das profundezas da sua fantasia o seu próprio ritual a fim de aplicá-lo à próxima mandala. Talvez você queira trabalhar tal como os índios: com a idéia de que a mandala o representa e você se representa nela.

Eis alguns pontos de apoio que poderão ajudá-lo, mas que podem atrapalhá-lo se você se escravizar a eles:

1. Preparação: encontramos uma forma básica muito eficaz para os rituais entre os essênios,* ou ainda entre os índios Navajos, que se preparavam de modo semelhante para cerimônias importantes, embora tivessem vivido em diferentes partes do mundo e em épocas diferentes. Para que a mandala exterior, a da areia, seja pura e reflita claramente a ordem interior, purifica-se primeiro a própria mandala interior por meio de um jejum.** Pelo jejum os sentidos (inclusive o sexto) se aguçam, de modo a aumentar a sensibilidade para visões e imagens eidéticas.

2. Orientação (no espaço e no tempo).

3. Harmonia visual (velas, flores. . .).

4. Harmonia acústica (música, mantras. . .).

5. Harmonia olfativa (óleos perfumados, velas ou varetas de incenso. . .).

6. Vestimenta (você poderá usar, para o seu ritual, roupas que o envolvam, apertem, libertem, impeçam, acariciem. . .).

7. Você poderá orientar a mandala para um evento ou para um ser humano (ou para si mesmo).

8. Você poderá orientar a sua consciência para o centro *único*.

---

* Ver Edmund Bordeaux-Szekely, *Das Friedensevangelium der Essener* [O Evangelho da paz dos Essênios], Bruno Martin, Frankfurt, 1977.

** Rüdiger Dahlke, *Bewusst Fasten* [Jejuar conscientemente], Urania-Verlag, Waakirchen, 1980.

Se você realmente penetrar no ritual, notará que em pouco tempo "ele" atuará e acontecerá inteiramente por si mesmo, pois não estamos também tão longe assim do centro. Não é necessário ser um índio para ficar em silêncio numa catedral. Aquele que aprende a mergulhar totalmente num ritual de mandala, encontra o silêncio nas suas profundezas, sem nenhum esforço consciente.

A mandala seguinte foi desenhada apenas com um compasso sendo composta portanto unicamente de círculos-mandalas.

JOGOS COM MANDALAS

No começo deste livro, eu disse que ele deveria ser mais uma brincadeira do que um livro. Assim, vamos agora nos dedicar inteiramente ao jogo com as mandalas. Sendo a própria imagem do jogo cósmico, ela naturalmente é apropriada para brincar — no sentido em que as crianças brincam — mas também para que os adultos "aprendam" novamente a brincar. "Aprender" pode dar origem aqui a mal-entendidos, visto que o associamos quase sempre ao esforço.

Nesse sentido, seria mais correto dizer: a mandala pode ajudar a recuperar ludicamente a capacidade de brincar.

Podemos também tomar como exemplo a despreocupação das crianças ao cometerem falhas. As "falhas" significam oportunidades, pois nos mostram o que está faltando. De cada falha se pode fazer algo, só que o resultado não vai ser aquele que se planejou. E daí? De uma falha ou de um acaso pode resultar mais prazer e divertimento do que da seriedade excessiva.

Este livro nasceu também, afinal, de uma falha, ou seja, da minha visão falha de míope e da preocupação daí resultante com a vista e o olho. Assim, o olhar suave é uma "falha natural" de muitos míopes. Neste livro, aliás, ocupei-me sobretudo com aquilo que eu mesmo queria aprender. A idéia de escrevê-lo e os projetos das mandalas surgiram, por exemplo, numa viagem às catedrais francesas e espanholas.

MEDITAÇÃO NA CATEDRAL *

Da próxima vez que for a uma catedral, experimente olhar de maneira suave e relaxada. O melhor é sentar-se ereto e de modo que possa olhar comodamente para uma rosácea. Em seguida, amplie o seu campo de visão para além dela, até abranger em sua

---

* Cassete de meditação de R. Dahlke, *Durch die Schleier der Zeit* [Através dos véus do tempo], Edition Neptun, Munique, 1985.

totalidade a nave da igreja sem ligar para os pormenores, que só têm valor enquanto contribuição para a harmonia do conjunto.

Pelo ligeiro desfocamento do olhar relaxado, tudo o que é observado se confunde em indiferença, no sentido de que tudo tem "importância igual", equivalente, prescindindo por isso de juízo de valor. Na medida, porém, em que a valorização desaparece, o intelecto se acalma, pois onde não há nada para avaliar e julgar, ele simplesmente fica sem fazer nada e relaxa.

Nem os olhos nem os ouvidos ou algum outro sentido lhe fornecem um material concreto. É possível que, durante algum tempo, ele tente se ocupar com velhos detalhes armazenados; mas vai acabar se acalmando e a meditação poderá acontecer.

Tente agora pintar a rosácea da catedral de Châlon e desde já de maneira suave:

a) com cores suaves
b) com contornos suaves
c) ou como achar melhor

Vamos agora desligar por algum tempo a luz exterior e nos abrir para a interior. Sente-se comodamente, em posição ereta, feche os olhos e ponha sobre eles as palmas das mãos, exercendo uma certa pressão sobre as pálpebras e, conseqüentemente, sobre os globos oculares. Perceberá, então, que não há mais escuridão dentro de você; somente os mais variados modelos e percepções luminosas — formando mandalas. Faça agora esse exercício, sem pressa, como sempre.

Dessa maneira, é até possível ter uma imagem viva da própria retina, semelhante à que você pintou antes, só que em cores vivas.

Faça este exercício quantas vezes quiser e descubra que diante do seu olho interior há muita atividade, quer você olhe para fora ou para dentro — uma experiência que toda pessoa tem quando sonha, à noite, com os olhos fechados.

Sempre que procuramos a responsabilidade por alguma coisa no exterior, não estamos conscientes de que tudo deve estar sempre no interior. Este exercício pode nos ajudar ainda a manter-nos despertos e a abrir os olhos — nesse caso, os interiores — e a assumir a responsabilidade por nós mesmos e pelo nosso meio ambiente. O acesso ao nosso próprio mundo interior, à nossa própria mandala, é o máximo que uma técnica de meditação pode nos proporcionar.

Se quiser poderá, naturalmente, fazer experiências também com os outros sentidos; poderá, por exemplo, fechar os ouvidos externos, dando primazia aos internos e dedicando-se aos ruídos interiores. Um verdadeiro concerto! Ou poderá fechar o nariz ou a boca, e ouvir os monólogos que, apesar disso, ocorrem dentro de você. Este último exercício é, na verdade, pouco divertido, simplesmente porque brincamos esse jogo o dia inteiro e também durante a noite. Mesmo fechando a boca não calamos jamais a voz interior. No entanto, esse é o objetivo de quase todas as técnicas de meditação, dos mantras, dos exercícios de concentração, do zen, etc. É o que Don Juan, o mestre índio de Castañeda, chama "deter o monólogo interior". É, sem dúvida, uma experiência impressionante ouvir, de modo inteiramente consciente, essa corrente de pensamentos fluindo continuamente dentro de nós. Tente, calmamente, fazê-la parar só por um minuto; isso parece tão simples, mas não somos capazes de fazê-lo. Repita este exercício de acordo com a sua vontade e disposição. Com freqüência, essas técnicas podem ser combinadas fechando-se simultaneamente os olhos, os ouvidos e a boca. Talvez um destes exercícios lhe agrade e você venha a fazê-lo freqüentemente ou até com regularidade. Sem dúvida, você notará então que o seu intelecto, repentinamente, levantará objeções, pois a regularidade é perigosa para ele, e ele não descansará enquanto não o convencer (naturalmente com muito boas razões: a sua especialidade) a desistir dela. Mesmo que você comece a atinar com a intenção do intelecto, não fique de mal com ele. Quem sabe, seja esta a sua única e derradeira oportunidade. Observe simplesmente o seu jogo. Se fizer isso durante bastante tempo, notará que, de repente, há uma certa distinção entre você e ele. Essa suspeita, no início ainda fraca, poderá levar você ao centro, entre direita e esquerda; e ali deve estar, em algum lugar, o país da iluminação.

Na página seguinte: o traçado do Castelo dos Anjos, em Roma.

Provavelmente você tenha pintado até agora as mandalas partindo do centro para fora. Isso corresponde ao surgimento da criação, à expiração de Brahma ou à própria evolução através dos tempos.

Vamos fazer agora conscientemente o caminho inverso, indo dos contornos para o meio — a retomada da criação, o inspirar de Brahma e o seu próprio retorno às origens.

Observe que esta mandala é formada quase só de linhas retas. Observe também que todas as pontas que saem do centro formam também pontas em direção ao centro. Toda agressão que se dirige para fora, acaba voltando para dentro.

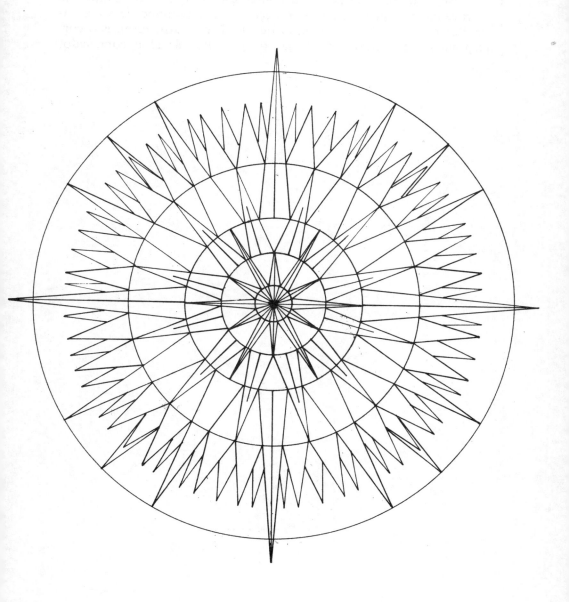

Repita agora o mesmo exercício sob a forma de construção. Até agora você projetou todas as mandalas de maneira coerente a partir do centro.

No caminho inverso — a construção a partir dos contornos — você notará quão difícil é começar com o caminho de volta antes de ter percorrido o caminho de ida. Num outro nível, isso corresponderia à tentativa de largar o ego antes de tê-lo conhecido.

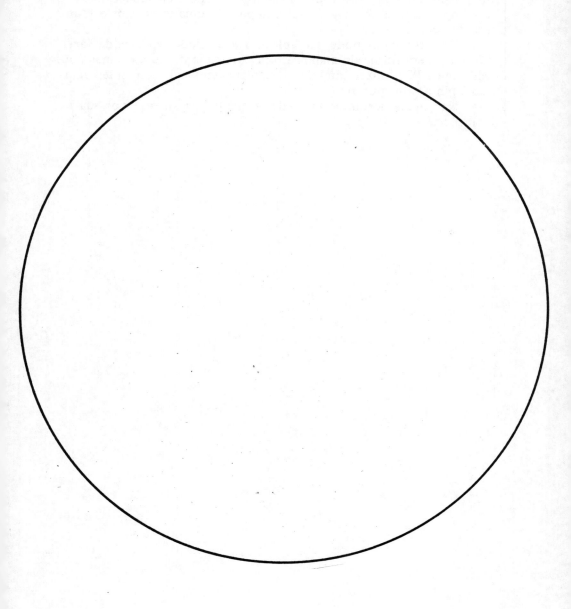

Você poderá usar a mandala também como medida. Medida num sentido bastante imaterial — nem medida de espaço nem de peso, e nem mesmo de tempo, mas, o mais aproximadamente possível, medida de evolução: antes e depois de uma experiência importante e decisiva (antes e depois de uma viagem pelo mundo, de uma terapia, etc.).

Esse princípio pode ser aplicado à vontade: você pode fazer um diário em forma de mandala: um para cada dia, cada semana ou cada mês. Pode fazer também a mandala semanal com sete camadas e pintar uma por dia.

Na página seguinte: mandala formada unicamente por suaves corações.

Se você quiser fazer rituais de mandala, um pressuposto importante é a orientação. Acontece que é possível orientar-se não apenas no espaço, mas também no tempo. Os rituais sempre foram realizados em momentos especiais, com características especiais, como, por exemplo, nos equinócios, ou em momentos de particular aflição. Pensemos, por exemplo, no horóscopo, onde podemos encontrar um determinado momento especial para nós, momento que se distingue justamente por ser um instante com características especiais. Seria também um momento adequado para realizar um ritual com uma meditação de mandala ou criar uma mandala e, depois, contemplá-la e interpretá-la.

Não é certamente objetivo deste livro ajudar na interpretação ou mesmo oferecer uma introdução às possibilidades divinatórias da mandala. A princípio pode-se usar qualquer sistema de interpretação, desde que se saiba fazê-lo, o que naturalmente também é possível em relação às mandalas. Desse modo, o conhecimento e a intuição crescem de maneira mais sensata e provavelmente também mais rápida, mediante a ocupação intensiva com as próprias mandalas.

Pode-se assim montar, em seguida, a mandala do próprio dia do nascimento, do ano novo ou de qualquer outro começo. Ou pode-se fazer a mandala para o aniversário de alguém — não seria possível dar algo mais pessoal: você está dando a si mesmo de presente.

A mandala seguinte provém de uma cédula de dinheiro português.

Brincar com as cores também pode ser algo absorvente. Escolha às cegas um de seus lápis de cor e pinte com ele o espaço seguinte da mandala (cuidado: o intelecto atuará aqui outra vez de modo especial e ardiloso). Este procedimento é particularmente adequado às mandalas de determinados eventos, visto que o inconsciente pode atuar de forma ainda mais clara.

A escolha racional das cores: inverta o exercício anterior, ou seja, você escolhe as cores de maneira consciente; por exemplo: na seqüência do arco-íris (infravermelho) vermelho-laranja-amarelo-verde-azul-violeta (ultravioleta). Pelos parênteses você pode perceber que o círculo cromático não termina onde acaba a nossa capacidade visual. Se você fizesse um jogo de mandala com um morcego, ficaria espantado; é que o morcego vê freqüências bem diferentes e de modo inteiramente natural.

Outra possibilidade é a limitação das cores: usando apenas duas em constante alternância, ou então com cores sempre complementares se alternando, ou ainda na mandala do dia da semana, a cor desse dia em cada segunda camada, etc.

Se você tiver o seu horóscopo, poderá dar-lhe a forma de uma mandala: as casas, com suas cores correspondentes; os planetas, com as suas cores e suas respectivas irradiações. Lembre-se que no centro dela está situado o planeta Terra, e o centro ainda mais preciso é o ponto da mandala Terra onde você nasceu. Você poderá representar os aspectos como combinações energéticas coloridas. o que também não deixam de ser.

Há várias possibilidades de brincar com o horóscopo: você poderá, por exemplo, colocar sobre o seu horóscopo o modelo original do labirinto de Chartres, com a sua entrada talvez sobre o Ascendente, e observar o resultado... é provável que surja desta combinação um terceiro modelo...

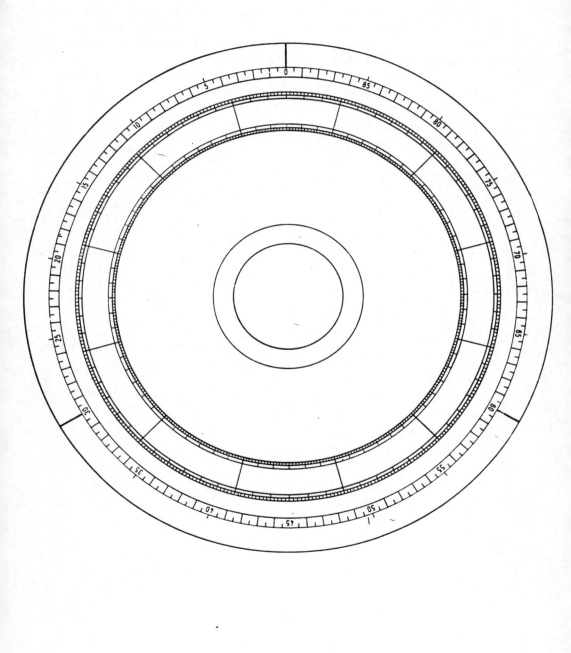

Todo caminho em uma mandala pode simbolizar uma peregrinação; fique atento ao que se passa, enquanto viaja e pinta. . .

Quando acabar, medite sobre a viagem; contemple a sua mandala com olhar relaxado (sem piscar!) e espere até que ela entre em movimento.

Experimente! As cores e as estruturas começam a se tornar vivas depois de algum tempo. (Você não precisa acreditar nisso agora; é só não excluir essa possibilidade. . . se excluí-la acabará por fim tendo razão — a "sua" mandala não começará a viver!)

Experimente com materiais diferentes: lápis de cor ou de feltro, giz de óleo, aquarelas acrílicas ou de óleo, guache. Misturar materiais diferentes também pode ser divertido. Alguns corantes, como, por exemplo, os lápis de feltro ou acrílicos prestam-se a isso em virtude do seu brilho, particularmente apropriado para mandalas enquanto base para viagens óticas. Ou então poderá usar tintas à base de água e papel aquarela umedecido — surgirão assim mandalas bastante suaves. Especialmente nas "mandalas feitas em dupla" essa técnica pode levar a misturas e a troca de impressões muito envolventes.

Você poderá dedicar suas mandalas a temas determinados ou a ciclos temáticos: uma mandala para cada estação, outra para cada elemento (fogo, água, ar, terra), outra ainda para cada membro da família, etc. . .

A mandala da Terra: real ou com as cores que você quiser dar a cada continente ou país. . .

Na página seguinte, mais uma mandala composta somente de círculos.

Caso se emocione, enquanto estiver brincando, isso é natural e é como deve ser. Cada mandala é como uma árvore; à sua parte exterior, visível, corresponde outra invisível, mas que existe do mesmo modo. É que só vemos uma das metades da polaridade, embora tenhamos de viver com ambas.

Lembre-se dos nossos exercícios com os olhos: não podemos ver muito mais do que a metade do círculo, mesmo com o campo de visão mais amplo. Sendo assim, a outra metade acaba permanecendo na sombra — invisível, mas sempre presente.

Tenha então consideração consigo mesmo e com a sua sombra e fique satisfeito quando ela assomar de vez em quando, sinal que ela *existe*. Aliás, esse não é o conhecimento mais recente da psicologia, mas sim um conhecimento arcaico de culturas há muito desaparecidas. Desse modo, já era objetivo dos índios ter a cabeça nas nuvens e manter os pés firmemente presos à Mãe-Terra. Os nossos antepassados também sabiam disso. Eles construíram suas igrejas com uma parte clara e visível e outra oculta, "subterrânea", a cripta. Em Chartres, este princípio foi observado de modo especial. Nas suas medidas, a catedral inteira corresponde às leis da harmonia: sua abóbada está 37 metros acima da terra e, em profundidade exatamente igual, se encontra sob a terra o espelho d'água do antigo poço céltico na caverna de iniciação sobre o qual foi construída a catedral.* Isso talvez lhe dê um pouco de coragem para aceitar as suas próprias raízes.

---

* Comparar L. Charpentier, *Das Geheimnis der Kathedrale von Chartres* [O segredo da Catedral de Chartres], Gaia, Colônia, 1972.

Uma mandala particularmente apropriada para suscitar emoções profundas é aquela na qual você une em harmoniosa relação, numa única mandala, as cinco fôrmas primordiais ou tattwas hindus (quadrado, meia-lua, triângulo, círculo e ponto).

As emoções tornam-se ainda mais nítidas se você passar para as três dimensões, moldando essas formas primordiais com a máxima exatidão (usando plastilina ou argila). No espaço, isso corresponde ao cubo, à meia-lua, à pirâmide e à esfera. O ponto continua sendo ponto. Essas formas primordiais ativam dentro de nós as formas primordiais correspondentes que então passamos a sentir.

Neste último exercício, é particularmente difícil encontrar o centro invisível que está na base da simetria da respectiva composição tridimensional. Não podemos ver o centro; só podemos deixá-lo surgir a partir do exterior. Quando isso não acontece, vêm à tona as respectivas emoções.

O propósito de fazer uma mandala "com a esquerda" pode evocar sentimentos profundos. "Fazer algo com a esquerda" quer dizer fazê-lo descontraidamente, sem pensar muito, de modo solto e sem problemas. Isso coincide exatamente com os conhecimentos da neuroanatomia do cérebro, uma vez que é justamente a metade direita do cérebro que comanda a mão esquerda.

Pinte então a próxima mandala, de modo inteiramente consciente, com a mão esquerda. Se você for canhoto, mude então para a direita. Trata-se do quinto chakra, o da laringe. As cores originais quase sempre são:

cinza azulado para as pétalas de loto;

prateado para a meia-lua;

branco para o círculo e o triângulo central;

alternar as configurações restantes e também os elementos formais.

Se você se sentir entediado durante as férias na praia, poderá seguir o exemplo dos índios e fazer mandalas na areia, sentar-se no meio delas e meditar (além disso, se o fizer "com jeito", poderá facilmente se tornar o "guru" de outros turistas igualmente entediados). Ou então poderá pintar o labirinto na areia, seguindo-o depois conscientemente, ou projetar novos labirintos para si ou para quem quiser.

Poderá, naturalmente, fazer também muitos jogos de pintura e de cores com o labirinto. Como imagem arquetípica do caminho, ele é bastante apropriado para compreender a função da dúvida e da crítica durante o caminho.

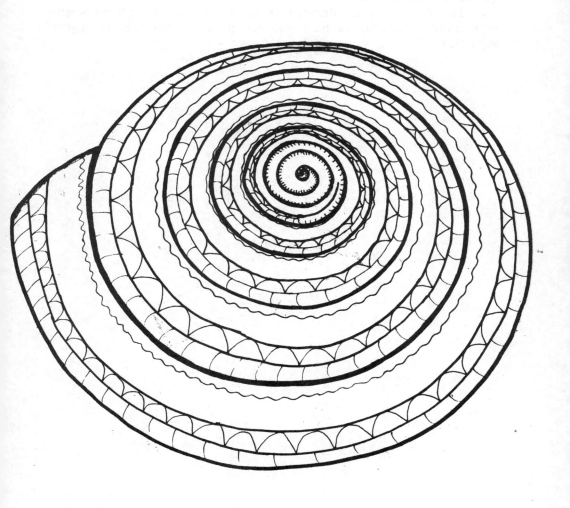

Se você gosta de fazer desenhos exatos, poderá ocupar-se com uma rosácea e executá-la em tamanho grande ou até mesmo original.*

Os amantes de trabalhos manuais poderão converter as mandalas-rosáceas em "imagens de luz". Se você compreender que todas as estruturas de pedra parecem ser negras contra a luz (como o exemplo da página 98), poderá colar folhas coloridas transparentes numa moldura preta de papelão e, usando qualquer fonte de luz, obter uma mandala luminosa.

Talvez as rosáceas flamejantes da última fase do gótico sejam especialmente adequadas para isso (como a de Beauvais na página seguinte).

---

* Uma boa ajuda pode ser a obra de Painton Cowen, *Die Rosenfenster der gotischen Kathedrale* [As rosáceas das catedrais góticas], embora a viagem ao original seria, sem dúvida, ainda mais divertida.

O próximo exercício de desenho se relaciona com a roda da vida. Pinte-a com os seus doze raios e desenhe num dos lados (no ascendente) ou no outro (descendente) episódios importantes da sua vida. Os episódios ou acontecimentos também poderão ser representados por símbolos. Quando acabar, observe com atenção como cada evento no ramo descendente corresponde a uma violência ascendente e vice-versa, e note bem, não há nisso nenhuma causalidade; o que vale é a lei do centro.

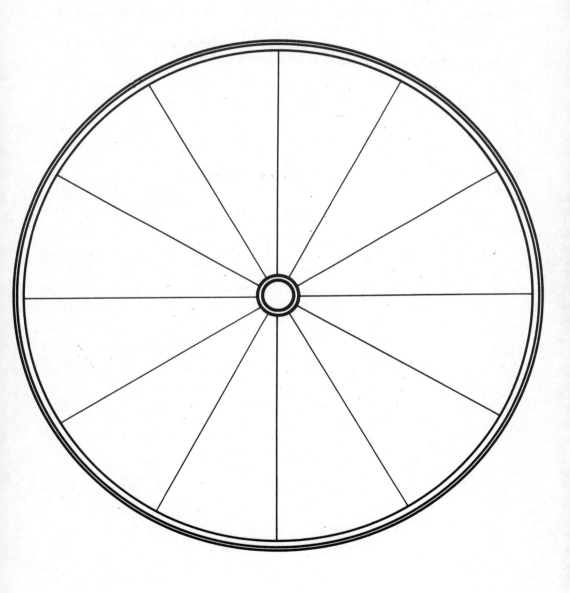

Crie uma mandala bem grande do universo, na forma do símbolo T'ai Chi taoísta. Faça-a tão grande quanto possível e, se der, um pouquinho maior ainda.

Enquanto estiver pintando, veja os vários pequenos mundos que vão surgindo, cada um considerando-se talvez o único ou pelo menos o mais importante; prossiga até chegar lá embaixo no mundo do efêmero e, se quiser, vá mais adiante...

E esteja certo de que também a sua grande mandala é apenas um pequeno ponto no meio de uma outra maior...

É possível que você ache esse jogo demasiado infantil, e só participe dele "por amor ao próximo". Considere que já é muito fazer alguma coisa por amor ao próximo.

Se em vez disso, preferir saber mais a respeito de mandalas, eis aqui algumas indicações sobre a literatura correspondente.*

Porém, reflita: quem é capaz de vivenciar a música? O crítico musical que acompanha a partitura e quer se informar, o ouvinte que quer aprender algo e adquirir mais cultura, ou aquele que quer apenas "saborear" a música, ou então o próprio músico?

Quem obtém mais da maçã? A criança que dá uma mordida nela ou o bioquímico que a analisa?

Mas você não precisa envolver-se com o jogo. Em vez disso, talvez você tenha o seu círculo de amigos; vocês podem sentar-se, beber, ouvir ou tocar música juntos, divertir-se ou discutir, disputar ou seja lá o que for. Dessa forma, você realiza um ritual de mandala... inconscientemente, mas um ritual. Nesse seu círculo também há um centro, esteja ele vazio ou preenchido por um símbolo, como, por exemplo, um fogo ou um alimento. Em todo caso, o alimento espiritual vem do centro e esse ritual de mandala é realmente comum a todos os seres humanos – é universal.

---

* Khannee/Madhu, *Das grosse Yantra-Buch* [O grande livro dos iantras], Aurum, Freiburg, 1980.

Johari, *Das grosse Chakra-Buch* [O grande livro dos chakras], Bauer, Freiburg, 1979.

Argüelles, *Das grosse Mandala-Buch* [O grande livro das mandalas], Aurum, Freiburg, 1974.

É verdade que o ritual da mandala pode gerar energias sombrias, até então inconscientes. Contudo, pode evocar do mesmo modo a felicidade, a alegria, a satisfação e outras emoções agradáveis. Finalmente, pode nos ligar àquela fonte de energia ilimitada da qual tudo nasce e para a qual tudo tem de retornar. Nela se encontra um ilimitado potencial de integração e cura.

No caminho, já vamos vivenciando os efeitos dessa fonte, podendo descobrir o nosso próprio médico interior, infinitamente superior a todos os médicos, e redescobrir igualmente a nossa intuição.

E o caminho para essa fonte não é realmente longo. Ao contrário, nem sequer tem extensão no espaço e no tempo, pois a fonte está lá desde sempre. O caos e o cosmos existem sempre simultaneamente, interpenetrando-se, e os aspectos que percebemos só dependem do nosso ângulo visual. Viver com consciência a partir da mandala significa vivenciar, no meio de todo o caos deste mundo, a ordem da unidade.

Com a nossa maneira peculiar, tendemos geralmente a separar o caos do cosmos: vemos sempre o caos no exterior e, antes de tudo, nos outros, mas o cosmos, a ordem, vemos em nós. Esse também é um jogo, e de todos os jogos é quase sempre o mais divertido. É difícil descobrir outros jogos que, pelo menos aproximadamente, transmitam tanta alegria e satisfação.

Mas quando reconhecermos que tudo é projeção nossa, faremos então esse jogo das projeções de modo também consciente. Para isso não precisamos reprimir as projeções.

Vamos pintar a mandala do ódio de nosso parceiro por nós, ou a da raiva do vizinho ou a da ineficiência do nosso pai (ou mãe) ou a da desesperança de toda a situação. Se notarmos, então, que esses são os nossos sentimentos também não faz mal. Teoricamente, já sabemos há muito tempo o que há por trás de tudo. Desse modo, você poderá pintar também a mandala da sua tristeza, da sua simpatia, da sua alegria ou do seu amor.

Paulatinamente, está chegando o momento de você se livrar das estruturas e limites deste livro, do seu exemplo. É provável que, nesse ínterim, você já tenha notado que há, realmente, mandalas por toda parte e que elas agora repentinamente lhe saltam aos olhos. Naturalmente, você também poderá criar mandalas de qualquer coisa: das pedras do rio, da folhagem outonal colorida, das flores e pétalas, assim como de cascas e sementes de frutas. Poderá arrumar a mesa ou a comida no prato dando-lhes a forma de mandala. Imitando os índios, poderá fazer mandalas de folhas ou com outras partes das plantas, com as agulhas dos pinheiros e das pinhas, e também com as plumas dos pássaros. Mas pode, do mesmo modo, fazer uma mandala na cozinha: com grãos e outras sementes, condimentos ou restos... (cada casca de maçã, tirada por inteiro forma uma espiral, sendo também uma mandala).

Não há limites para a sua fantasia. Sobras de tecidos ou peles prestam-se do mesmo modo que conchas ou parafusos.

Cada passeio ou viagem pode se tornar uma mandala, se você recolher no caminho os materiais correspondentes para depois combiná-los formando uma imagem. Talvez você descubra então em torno de que girava a viagem ou, eventualmente, você mesmo.

Com a areia do mar, com argila ou plastilina, você poderá ainda conquistar a terceira dimensão, e talvez acabe vivenciando a sua casa, a sua cidade e o seu país como mandalas ou estações no caminho para a mandala Terra.

Talvez você já tenha notado que muitos destes exercícios se prestam também para jogos entre duas ou mais pessoas. Eis mais algumas sugestões especialmente para jogos com um parceiro ou em grupo.

O jogo mais simples com um parceiro — consiste em cada pessoa escolher uma cor e pintar alternadamente uma camada. Isso por si só já dá origem a uma estranha dependência recíproca. Fique atento ao que estiver sentindo — veja se tende ou não a infringir os limites, ou se nem se atreve a chegar até eles; se deixa o seu parceiro pintar ou se tem necessidade de fazer comentários; se se intromete ou mesmo se pinta a parte do parceiro.

Desse modo, você poderá, de vez em quando, jogar uma "partida de mandala"; sem dúvida, há momentos que se prestam especialmente para isso.

Você poderá ir ainda mais longe, se escolher a cor para o seu parceiro e vice-versa. Assim ele terá de executar a sua obra e você a dele. Se for capaz de fazer isso sem problemas, medite então sobre se já se acostumou a dirigir a vida dos outros — ou se você realmente é flexível e se adapta a tudo. Ou você por acaso já começou a *brincar*?

Se você dividir a mandala na diagonal e cada um pintar a metade, pode surgir uma imagem muito interessante. Será que as duas metades juntas resultam mesmo em um todo?

Você poderá dividir a mandala não apenas com um traço, mas simplesmente cortá-la em duas. Mesmo sem ver o que o seu parceiro está fazendo, será que as duas metades ainda combinam? Ou só foi depois que você realmente conseguiu se abrir?

Para esses exercícios, o livro sugere um complemento, com 72 mandalas.*

Você pode muito bem fazer o último exercício sozinho, pois dentro de cada um de nós vivem duas essências. Desse modo, você pode unir ambas as polaridades (a feminina e a masculina) numa única mandala.

---

* R. Dahlke, *72 Mandalas aus West und Ost und aus der Mitte* [72 mandalas do Oriente, do Ocidente e do Centro], pedidos a Edition Neptun, Elisabethstrasse 10, 8000 Munique 40.

Em um grupo, sempre vale a pena jogar (por exemplo, cada um pinta alternadamente uma parte) com a pessoa de que você menos gosta e trilhar justamente com ela, de maneira consciente, o caminho em direção à unidade (portanto, de fora para dentro).

Faça o mesmo com o membro mais querido do grupo, para sentir o quanto estão realmente unidos.

Estes jogos têm um encanto especial, quando realizados em silêncio e se ficarmos realmente atentos a *nós mesmos*.

Se você começar a conversar a coisa acaba se transformando quase sempre em dinâmica de grupo, o que tem também a sua graça. Se você não quiser mais pintar, basta dar ao jogo um outro nome. Mas, provavelmente, você acabará voltando bem depressa aos seus jogos prediletos e há muito conhecidos.

Se você jogar qualquer um dos jogos de grupo para o qual é preciso escolher um parceiro, faça-o segundo a mandala, sem saber que pessoa está por trás dela; isso talvez seja mais honesto do que escolher pelo rosto; pelo menos é mais excitante.

Na página seguinte: uma mandala assíria.

Todo jogo grupal ou com um parceiro se tornará ainda mais intenso se você, além de pintar junto com o(s) outro(s), também construir — aqui também de maneira alternada, cabendo a cada um uma parte. Observe até onde você pode ou quer se ajustar, até onde pressente a intenção do outro. O silêncio absoluto, indígena por assim dizer, é a coroação do exercício.

Se você conversar ou discutir, certamente estará usando apenas o lado esquerdo do cérebro. Como pretende então sentir o seu parceiro?

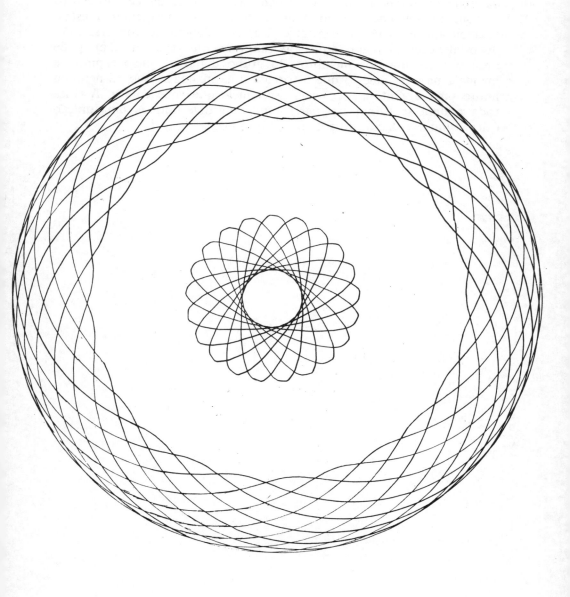

Você pode, naturalmente, ir mais longe no trabalho de grupo ampliando a mandala para todo o grupo: desenhar uma mandala grande num papel (de embrulho, por exemplo), com todas as pessoas sentadas ou deitadas ao redor dela e, em seguida, pintá-la, alternadamente ou todas de uma vez, trecho a trecho, na direção do centro — com aquarela ou usando o dedo. Você pode apresentar a estrutura ou apenas o ponto central e ficar em silêncio ou conversar. Pode estabelecer as regras antes ou simplesmente começar. Sim, pode mesmo fazer um dos membros do grupo deitar no meio e pintar a mandala na pele dele, o que o tornará uma mandala. Não há nenhum limite para a fantasia... a não ser aquele que você coloca. A coisa toda poderá se tornar um *party-happening* divertido ou uma oração ótica como as rosáceas do gótico... tanto faz.

ADVERTÊNCIA

Não leve a sério nenhum desses jogos.

Os jogos não foram criados para serem levados a sério; do contrário, não seriam jogos.

E reflita, de vez em quando, sobre o jogo cósmico. . .

Se, nessa viagem pelo mundo das mandalas, alguém em algum momento tiver se ofendido, será porque algum dia em algum lugar cometeu uma "falha". E, por essa razão, terá uma nova chance:

Pode retornar ao início do livro. Na mandala, há um número infinito de chances — naturalmente também no livro das mandalas.

FLOCOS DE NEVE

FLOCOS DE NEVE

FLOCOS DE NEVE

FLOCOS DE NEVE

Com essa nevasca, eu gostaria de me despedir de você — sem levar em conta que, em cada mandala, poderemos nos reencontrar.

Nas últimas páginas, você mesmo poderá fechar o *círculo do seu livro*. . .

FLOCOS DE NEVE

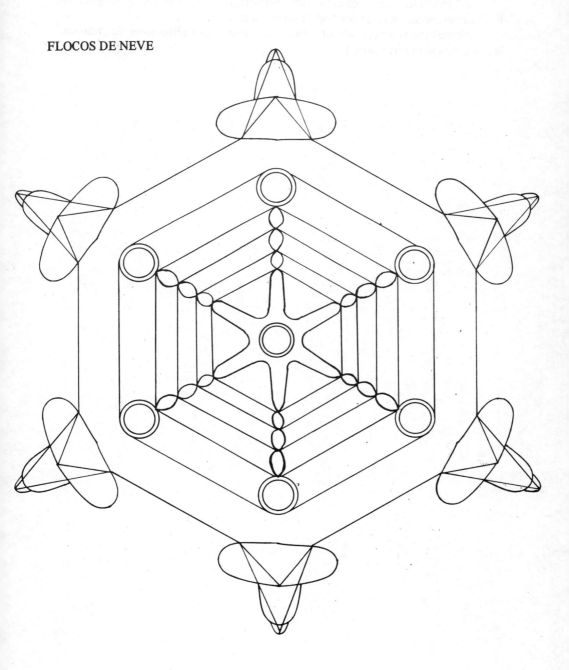

FLOCOS DE NEVE

Não existem dois flocos de neve iguais.

Todos são pelo menos um pouquinho diferentes e singulares. E, mesmo assim, nasceram todos da mesma idéia.

Nesse particular, os cristais de neve assemelham-se às mandalas — e aos seres humanos.

FLOCOS DE NEVE

Leia também:

MANDALAS
32 Caminhos de Sabedoria

Celina Fioravanti
Ilustrações de Vagner Vargas

Com as belas e significativas Mandalas criadas pelo artista plástico Vagner Vargas, a escritora Celina Fioravanti apresenta uma obra inovadora sobre esse tema, que une a energia dos desenhos sagrados a um texto simples à primeira abordagem, mas com um profundo conteúdo místico.

As cartas de Mandalas que acompanham este livro podem ser usadas como um oráculo, mas também são úteis para passar mensagens intuitivas, receber boas vibrações e fazer exercícios de meditação.

Cada desenho contém uma estrutura fundamentada na Antiga Tradição mística, cuja origem é a Cabala. Por essa razão, sua energia é vibrante e poderosa. As cartas contêm símbolos que ativam o inconsciente e facilitam a caminhada espiritual.

Mas você não precisa conhecer a Cabala, ou qualquer outra ciência mística, para fazer uso destas cartas. Basta colocar uma delas à vista e captar sua vibração benéfica. Mais tarde, você vai querer saber mais e então poderá ler os textos que o ajudarão a conhecer o que está por trás de cada desenho.

EDITORA PENSAMENTO

Impresso por :

Graphium
gráfica e editora

Tel.:11 2769-9056